国家出版基金项目
NATIONAL PUBLICATION FOUNDATION

白化文——著

退士闲篇

白化文文集（第九卷）

中国书籍出版社
China Book Press

图书在版编目（CIP）数据

退士闲篇 / 白化文著. — 北京：中国书籍出版社，2017.8
（白化文文集）
ISBN 978-7-5068-6397-1

Ⅰ.①退… Ⅱ.①白… Ⅲ.①中华文化—文集 Ⅳ.①K203-53

中国版本图书馆CIP数据核字（2017）第200450号

退士闲篇

白化文　著

图书策划	牛　超　崔付建	
责任编辑	戎　骞	
责任印制	孙马飞　马　芝	
出版发行	中国书籍出版社	
地　　址	北京市丰台区三路居路 97 号（邮编：100073）	
电　　话	（010）52257143（总编室）　（010）52257140（发行部）	
电子邮箱	eo@chinabp.com.cn	
经　　销	全国新华书店	
印　　刷	三河市华东印刷有限公司	
开　　本	650毫米×940毫米　1/16	
字　　数	190千字	
印　　张	18.5	
版　　次	2017年9月第1版　　2017年9月第1次印刷	
书　　号	ISBN 978-7-5068-6397-1	
总 定 价	580.00元（全十卷）	

版权所有　翻印必究

总　序

化文学长与我是同学挚友，我们有共同的爱好，都对古典文学有一点偏爱。不过他的学问广泛，知识渊博，这是我们班同学都公认的。当他七十寿辰时，我给他写了一副贺联：

五一级盍簪相契，善学善谋，更喜交游随处乐；
七十翁伏案弥勤，多能多寿，定看著作与年增。

这里我说的，真是实话。他的"善学"和"多能"，是我最佩服而学不到的。据他片断的自述，我们可以了解到，他少年时就偏爱文科，读书很广，从不死抱着课本不放，而是大量地读课外书。虽然偏废理科，但对于海军史和舰艇知识，却非常熟悉，谈起来如数家珍。上大学时，他不仅认真听本班本系的课，还曾旁听过高班和外系的课。他1950年就上了北大，所以曾有机会听过俞平伯、罗常培、唐兰、王重民先生的课，比我们有幸多了。杜甫《戏为六绝句》之六说："转益多师是汝师。"他的确是做到了"转益多师"的，因此有多方面的资源和传承，成为一个多面手。

他的"善学"，首先是尊师重道。一向对老师尊敬尽礼，谒见老师，总是九十度鞠躬，侍立倾听。直到现在，他讲演、发言时，提到老师的名字一定从座位上肃然起立表示敬意。他写文章时总是先举老师的字再注名，以字行的当然在外。这些礼节已是今人所不懂的了。事无巨细，他总是竭诚为老师服务，真是做到了"有事弟子服其劳"。在他将近知命之年，拜我们编辑行的前辈周绍良先生为师，成了超龄的"在职研究生"。他在人前人后、口头书面，总自称为门生，极为恭敬，比青年人虚心得多。

他的"善学"，体现于学而能思和思而能学。孔子说："学而不思则罔，思而不学则殆。"（《论语·为政》）化文学长是身体力行的。他在上大学之后，总结了自己的学习经验，得出自觉颇为得力见效的四条"秘诀"。

第一条是：

除了入门外语等课以外，大学的课程均应以自学为主。多读课外书，特别是指定参考书和相关书籍，学会使用最方便使用的大图书馆，学会使用各有各的用处的各种工具书，一生得益。

这是最重要的一条经验。我愿意把它推荐给广大青年同学，不过万一遇上了要求背笔记的老师，可能考试得不到高分，那就不要太在意，争取在别的地方得分吧。

第四条也很重要：

老师的著作要浏览，有的要细读。对老师的学术历史要心中有数。这样，一方面能知道应该跟老师学什么，甚至于知道应该怎样学；另一方面，也借此尽可能地了解在老师面前应该避忌什么与提起什么。

这一条是准备进一步向老师学习真髓的方法。每个老师都有独特的长处和学术道路。你想要多学一些课堂之外的东西，就得先做功课，细读老师的主要著作，才能体会出课堂上所讲的那些结论是怎么来的，才能明白老师所讲的要点在哪里。化文学长在四条"秘诀"的其余两条里就讲了要注意讲义之外的"神哨"和听课时要多听少记，都是这个思路。读者有兴趣的话，可以去找他的《对一次考试答案的忏悔》《定位、从师、交流、考察》两文一读。

他的"善学"，还在于随遇而安，就地取材，见缝插针,照样能左右逢源,有所建树。化文学长前半生道路坎坷,屡遇困境,但他能边干边学,学一样像一样。徐枢学长分配到电力学校教课,心里郁郁不乐,先师浦江清先生开导他说,"你可以研究电嘛"。当时引为笑谈,化文学长却从中得到了启发,他说:"老师有深意存焉:到什么山上唱什么歌。只要抓住'研究'不放就行。因而我此后每到新岗位,一定服从工作需要,在工作中不废研究,多少干出些名堂来。"(《浦江清先生二题》)他也的确干出了许多"名堂"。有一段时间,他以业余时间帮《文物》杂志编辑部看稿,看了不少发掘报告,从而也学了文物考古的知识,这对后来他研究佛寺和佛教文物很有裨益。同时也因看稿而向王重民先生请教古籍版本方面的问题,得到了许多课外的真传。

他的"多能",就因为他"善学"。大学毕业离校之后,他不仅继续向本系的老师请益,而且还陆续向外系的老师求教,如历史系的周一良先生,哲学系的任继愈先生,东语系的季羡林先生,都得到不少教益。他在师从周绍良先生之后,虚心学习敦煌学和佛教文献学,再和他本职工作相结合,创立了佛教和敦煌文献的目录学,成为一门新的学科。

我们只要看看化文学长这一批著作的书目,涉及好几门学科,就可以知道他的"多能",正是他"善学"的结果。希望青年一代的读者,能从这些书里学习他"善学"的精神和方法。倒不一定要学那些具体内容，因为人各有志，条件各不相同，所遇的老师又各有所长。就如白先生自称"受益于周燕孙（祖谟）先生最深"，他也深知周先生的特长是音韵、训诂，但他不想学语言文字学，就如实地回答了周先生的探询。他最受益的是周先生给他讲的工具书使用法，而学到的还有周先生礼貌待人、踏实治学的作风，应该说是更重要的。

孔子自谦说："吾少也贱，故多能鄙事。"化文学长少年时并不"贱"，从小在慈母沈伯母的精心培养下，决心要上北大文科。终于，在北大中文系前后读了五年，在北大图书馆泡了六十多年，造就了一位"多能雅事"的传统文化学家，应了浦江清、朱自清两位先生在他幼年时说的预言。沈伯母在天之灵，我想应该含笑点头了吧。

中国书籍出版社要出白化文学长的十本文集，汇为一辑，委托我写一篇序。我与他幸为知交，不能推辞，写一点感想，作为书前的题记而已。

程毅中
2016年8月

目 录

唐代士子与樱桃　*001*

纸鸢与风筝　*014*

也说说"升官图"与"彩选"　*030*

笔床茶灶　雨笠烟蓑　*047*

镜听·响卜·怀勺·打瓢（瓢卦）　*065*

竹夫人与汤婆子　*080*

闲谈"卦影"　*095*

人事："书帕"　*111*

琉璃喇叭·鼓珰·料泡·响葫芦·倒掖气　*125*

话"蜂台"　*134*

泰山东岳·地狱·酆都城　*141*

《史记》闲谈　*165*

规　往　*225*

知唐桑艾　*231*

二十年前旧板桥　*234*
逝者如斯夫！不舍昼夜　*238*
岁寒，然后知松柏之后凋也　*244*
博　喻　*248*
竹林七贤与《竹林七贤图》　*251*
文学作品中的科学描述　*257*
了一老师论"对偶"与"对仗"　*261*

附　录
　　原书作者致辞　*279*

《白化文文集》编辑附记　*281*

唐代士子与樱桃

樱桃，学名prunus pseudocerasus，属于蔷薇科，落叶灌木，经过栽培可成为小乔木。我国各地普遍栽植。樱桃花是很美的：花蕾红色，开放后花冠白色或略带红色，是著名的观赏植物。樱桃果实小，球形，带长柄，鲜红色，滋味甜中微酸。除了生吃，还可加工成果酱、果酒等等。相对于果肉来说，樱桃的核很大，有人戏称之为"核果"。中医用它的核来透发麻疹。

樱桃结实于早春，较之其他水果成熟要早。而且，果实一成熟就得采摘，否则，就会被"流莺"等鸟类抢先啄食。古人很看重这一点。《礼记·月令》中"仲夏之月"："天子乃以雏尝黍，羞以含桃。先荐寝庙。"郑玄注："含桃，樱桃。"《吕氏春秋·仲夏纪》《淮南子·时则训》等亦有类似记载。《史记·叔孙通传》："孝惠帝曾春出，游离宫。叔孙生曰：'古者有春尝果。方今樱桃熟，可献。愿陛下出，因取樱桃献宗庙。'上乃许之。诸果献由此兴。"叔孙通是汉代初年"度务制礼，进退与时变化"的大师，承秦代覆亡天下大乱之后，说服汉高祖以至惠帝等，逐步推行儒家礼教。"荐樱桃于宗庙"不过是他的一个小小手法，以示在尝新之前，先表"敬天法祖""慎终追远"之意。此后各个朝代，大体上也就因袭下来了。唐代特别重视，而且有所发展。天子祭祀献祭毕，立即分赐相关人等，一起尝新。而且有时让百官等进入御苑自行摘食。颇有一些相关记录，如常被称引的《旧唐书·中宗本纪》所载："夏四月丁亥，上游樱桃园，引中书门下五品以上诸司长官学士等入芳林园尝樱桃。便令马上口摘，置酒为乐。"以上都是常识，啰嗦说了一大套，不过是套话、开场白。说实话，我就不爱吃樱桃，认为果肉少；还不够吐核儿的呢！可是，唐代的人，尤其是盛唐以至中晚唐时期住在长安和东都洛阳的人，特别是皇帝、百官以及士子，却不是这样看的。

先说樱桃树和樱桃花。唐代的宫殿内，园林中，以至权贵、名流、仕女住宅等地，处处培育樱桃。初春樱桃花开，繁英如雪之时，似蜜样香甜的花心招蜂引蝶，也引来万人如海，元稹诗中所谓"同醉樱桃林下春"（《全唐诗》卷四一一）者是也。当代日本人看樱花的盛况庶几近之。唐诗中习见描述，试举几句为例：

刘禹锡《和乐天宴李周美中丞宅赏樱花》："樱桃千万枝，照耀如雪天。王孙宴其下，隔水疑神仙。"

李德裕《樱桃花》："皎日照芳菲，鲜葩含素辉。……风静阴盈砌；露浓香入衣。"

温庭筠《二月十五日樱桃盛开》："晓觉笼烟重，春深染雪轻。静应留得蝶，繁欲不胜莺。影乱晨飙急，香多衣雨晴。"

张籍《和裴仆射看樱桃花》："昨日南辕新雨后，樱桃花发旧枝柯。天明不待人同看，绕树重重履迹多。"

白居易《酬韩侍郎、张博士雨后游曲江见寄》："小园新种红樱树，闲绕花枝便当游。何必更随鞍马队，衔泥踏雨曲江头。"

从以上各诗，再参以其他文献，可知：
隋唐两代，公共场所以及较为名贵的住宅，都以种植樱桃为风尚。如唐代杜宝撰《大业杂记》所述："东都大城，周回七十三里一百五十步，西拒王城，东越涧，南跨洛川，北逾谷水。宫城东西五里二百步，南北七里。城南东西各两重，南临洛水，开大道，对端门，名端门街，一名天津街。阔一百步，道傍植樱桃、石榴两行。自端门至建国门，南北九里，四望成行，人由其下。中为御道，通泉流渠，映带其间。端门即宫南正门。重楼上重名太微观，临大街。直南二十里，正当龙门。"记的是隋都洛阳的建置。樱桃树是重要的行道树。唐承隋制，于东都大格局无所更张。至于园林，如《唐两京城坊考》卷一中所记，西京长安大内的西内苑（北苑）有樱桃园，而上引刘禹锡诗中所说的"李周美中丞宅赏樱花"，指的就是后来《唐两京城坊考》卷五所记，洛阳履信坊内的"太子宾客李仍淑（叔）宅"："宅有樱桃池，仍淑（叔）尝与白居易、刘禹锡会其上。"那可是东都名园，叠见刘、白吟咏。樱桃园甚至成为一种引路标志性的建筑物，如《玄怪录》卷一"裴谌"条，裴谌对王敬伯说，到广陵后可以去找他："青辕桥东，有数里樱桃园，园北车门，即吾宅也。"裴谌已成仙，那可是神仙第宅。至于一般平民家中，也以栽种樱桃树为时尚。可参看《霍小玉传》记载：小王家住长安朱雀门街第四街胜业坊，李益初次往访，"引入中门，庭间有四樱桃树，西北悬一鹦鹉笼"。"樱桃树"说明居停主人身份不低，但也不太高，只能在庭院中种植，达不到拥有樱桃园林的水准，只可如丁仙芝《余杭醉歌赠吴山人》一诗所云"满庭新种樱桃树"（《全唐诗》卷一一四），也就是了。霍小玉家的院子里靠"西北"（显然是正房房廊一角）设鹦鹉笼，乃是有钱悠闲的青少年女性的宠物。令人想起，明末清初秦淮河名妓以至扬州勾人入彀的高级"瘦马"家的陈设，与此异曲同工。这真是对典型环境的典型描写。

再说敕赐樱桃的事。相关资料甚多，典型的有：

王维《敕赐百官樱桃（时为文部郎）》："芙蓉阙下会千官，紫禁朱樱出上栏。才是寝园春荐后，非关御苑鸟衔残。归鞍竞带青丝笼，中使频倾赤玉盘。饱食不须愁内热，大官还有蔗浆寒。"

（《全唐诗》卷一二八）

崔兴宗《和王维〈敕赐百官樱桃〉》："未央朝谒正逶迤，天上樱桃锡此时。……闻道令人好颜色，《神农本草》自应知。"

（《全唐诗》卷一二九）

特别是王维的这首诗，堪称"诗史"。赐予人等：百官；地点：庙堂；赐予时间：春荐寝庙之后，新摘的果子；赐予方式：由"内使"手持"赤玉盘"（取其与樱桃同色），往"青丝笼"里倾倒。赐予不少，够饱餐一顿的，后续的还有"防内热"的"蔗浆"（可见当时制砂糖之法尚在萌芽与学习阶段，如大量配合给与，只能喝轧出的甘蔗浆也。唐人记载，食用樱桃常和以精、酪，那种精也许是饴糖）。

还可再举几首：

王建《宫词》："白玉窗前起草臣，樱桃初赤赐尝新。殿头传语金阶远，只进词来谢圣人。"

（《全唐诗》卷三〇二）

和凝《宫词》："金鸾双立紫檀槽，暖殿无风韵自高。含笑试弹红蕊调，君王宣赐酪樱桃。"

（《全唐诗》卷七三五）

从上举二诗可见，受赐词臣以及其他受赐者是要进表谢恩的，今所见，有柳宗元的《为武中丞谢赐樱桃表》可证。赐樱桃时，除了蔗浆之外，有时赐酪，作为伴食之物。

值得注意的是，唐代新进士及第，时间与采摘樱桃相衔接。那时的新进士及第后，要聚会狂欢一大阵子，不断地开宴会。五代王定保《唐摭言》卷三"宴名"条就载有：

"大相识,次相识,小相识,闻喜,樱桃,月灯,打球,牡丹,看佛牙,关宴。"《唐两京城坊考》卷四"崇圣寺"条引《辇下岁时记》:"进士樱桃宴,在崇圣寺佛牙阁上。"(《辇下岁时记》,唐人佚名撰,单行本失传,今所见,宋代宋敏求《长安志》似首引之。)由于宴会太多,有的缺少钱财的新进士就顶不住。试看下则:

《唐摭言》卷三:"新进士尤重樱桃宴。乾符四年,永宁刘公第二子覃及第;时公以故相镇淮南,敕邸吏日以银一铤资覃醵罚,而覃所费往往数倍。邸吏以闻,公命取足而已。会时及荐新,状元方议醵率,覃潜遣人厚以金帛预购数十硕矣。于是独置是宴,大会公卿。时京国樱桃初出;虽贵达未适口,而覃山积铺席,复和以糖酪者,人享蛮画一小盎,亦不啻数升。以至参御辈,靡不沾足。"

这是阔少爷"撒漫"。可以与此对照的,则有同载于此书卷三的"蒋泳""柳璨"两条,这两位缺钱,没有自己的驴(新登科者与会必骑,亦即必备之物,没有的当场受罚,蒋泳受罚;柳璨借来的驴被牵走处理,以致无法向原主交代)。以之与樱桃无直接关联,我们不赘引了。

大乱之后,特别是安史之乱与黄巢进京之后,士子乃至由士子变成的官吏，丧乱之余，"故国平居有所思"之际，往往会把盛世与敕赐樱桃联系起来。

  顾况《樱桃曲》："百舌犹来上苑花，游人独自忆京华。遥知寝庙尝新后，敕赐樱桃向几家。"

          （《全唐诗》卷二六七）

特别是诗圣、"诗史"杜甫，更是念念不忘：

  《往在》："赤墀樱桃枝，隐映银丝笼。千春荐灵寝，永永垂无穷。"

          （《杜诗详注》卷一六）

  《收京三首》（之三）："赏应歌枤杜，归及荐樱桃。"

          （《杜诗详注》卷五）

  《野人送朱樱》："西蜀樱桃也自红，野人相赠满筠笼。……

  忆昨赐霑门下省，退朝擎出大明宫。金盘玉箸无消息，此日尝新任转蓬。"

          （《杜诗详注》卷一一）

经历过抗战,有过"漂泊西南天地间"经历的现代人,可能有类似的荆棘铜驼之感也。可惜这样的人越来越少了。

尚可指出,唐代士子一想到樱桃,往往会与某些浪漫想法特别是男女之间的往来纠缠在一起。按,唐代女性点口红,不似当代人的抹全唇,而是朱樱一点。这在流传的唐代画作中多有反映。李商隐《赠歌妓》:"红绽樱桃含白雪,断肠声里唱《阳关》。"孟棨《本事诗·事感第二》:"白尚书(按:白居易)姬人樊素善歌,姬人小蛮善舞。尝为诗曰:'樱桃樊素口,杨柳小蛮腰。'"是为代表作,说的都是女艺术家唱歌。流览所及,尚有以下数事:

> 成式姑婿裴元裕言:"群从中有悦邻女者,梦女遗二樱桃食之。及觉,核坠枕侧。"
>
> (《酉阳杂俎》卷八"梦")

按,西方的谚语:"男女之爱,始于接吻,终于免身。"按蔼理士(Havelock Ellis)的《性心理学》,"梦是心头想",再结合弗洛伊德(Sigmund Freud)《梦的解释》的见解,共同解释,梦女遗樱桃,八成是对两次接吻的折射性梦呓呢!后来贾宝玉爱吃丫环嘴唇上的胭脂,与此遥相呼应焉①。尚有近似者，是为《太平广记》卷二八一"梦游上"中的"樱桃青衣"一条，文繁不录，仅叙其片断梗概：天宝初年，范阳子在长安应举，老是考不中。下第后的某一天，去听和尚"俗讲"解闷。睡着了。梦见一位"青衣"（婢女）在门下坐，带着一篮樱桃。这可是进士宴会上的重要食物，应时当令的。于是，两个人搭咕上了，一起吃樱桃。证以我们前述，此种举动似带有暗示恋爱嬉戏性质，不然，何以那位青衣马上帮忙，与卢子牵线搭桥呢？青衣在引荐后隐去，以下的事与她无干，就不复赘言。尚可补充：唐人屡屡记录盛樱桃的容器。有"赤玉盘"，携带则用"笼"，有"青丝笼"（所谓"青丝为笼系"者是也），有"筠笼"（"野人"所用）。令狐楚有《进金花银樱桃笼状》，那可是太贵重的容器了。听说当代送月饼，有用金匣子、银匣子的，真乃异曲同工也。

中国俗文学作品中有一种类型，即把两种相辅相成的事物联系在一起，让它们互相攻击嘲讽。如《敦煌变文集》中所载《茶酒论》等。明代俗文学作品《茶酒争奇》《花鸟争奇》等，均是。我们注意到李商隐的两首小诗（《李商隐诗歌集解》第1582—1583页）：

---

① 后代冯梦龙《山歌》卷七"私情杂体"有"吃樱桃"："日落西山影弗高，姐担子竹榜打樱桃。打子四九三十六个樱桃，安在红篮里，要郎摸奶吃樱桃。"双关隐喻接吻摸乳房更为明显。

珠实虽先熟，琼荪纵早开。流莺犹故在，争得讳含来！

（《百果嘲樱桃》）

众果莫相诮，天生名品高。何因古乐府，唯有郑樱桃？

（《樱桃答》）

它们也属于上述两相对嘲类型。有一点特殊：一大群对一个。可见樱桃在唐代人心目中的地位也。（附言：这两首诗似乎是譬喻型的，隐喻一批不得宠的女性对得宠者的嘲弄。暗含着攻击对方在受主子宠爱以前曾被人"梳栊"过。）还有那皇甫枚《三水小牍》"却要"条："尝过清明节，时纤月娟娟，庭花烂漫，中堂垂绣幕，背银缸，而却要遇大郎于樱桃花影中，大郎乃持之求偶。"（《太平广记》卷二十五。为今听见最早引文。）可是要来真的了！

最后要说到一件趣事，《太平广记》卷四九五"史思明"条："安禄山败，史思明继逆。至东都，遇樱桃熟，其子在河北，欲寄遗之。因作诗同去。诗云：'樱桃一笼子，半已赤，半已黄。一半与怀王，一半与周至（贽）。'待成，左右赞美之，皆曰：'明公此诗大佳。若能言'一半周至（贽），一半怀王'，即与'黄'字声势稍稳。'思明大怒曰：'我儿岂可居周至（贽）之下！'……思明子伪封怀王，周至（贽）即其傅也。"（注：出《芝田录》。按，《芝田录》乃唐代丁用晦所著，未见单行传本，早期引用者即《太平广记》。）这里起码显示出三个问题。一是文艺作品的政治标准与艺术标准孰先孰后，二是西宾（老师）与少爷（王子）谁更重要。三是樱桃在当时人心目中确属带有一些赐予象征性的重要水果，不然，史思明不是诗人，何至于一时兴之所至，写起顺口溜来呢。

附　记

由于中国古代妇女点唇只点唇中，上下形成一个圆点，而不是涂抹全唇，所以，"樱桃""樱桃颗""樱唇"常用来比喻盛妆的少女以至中青年妇女的嘴唇。进而引起接吻之类的爱情联想。在这一点上，清季宣鼎《夜雨秋灯录》卷四中"谷慧儿"一条，有十分生动的描述。说的是，一位耍杂技的少女，在戏场上瞥见一位文武全才的男青年，对他产生好感，于是："瞥见生杂人丛中，如鸡群鹤立，凝睇不忍去。生亦受其美，溜眼波焉。少时，生渴思饮（爱情的饥渴），女子百步外遽掷樱桃入生口，屡掷屡中，如弹无虚发。"这可是"飞吻"的具体化，而且目标极为明确，不像飞吻之看来似乎漫无目的。散场后,"生茕茕步芳郊,女突于身后牵衣,问姓名居址,详告之。又以绣帕裹樱桃百颗赠生"。比"樱桃青衣"的爱情意味就更明显了。我们引此,作为本文的注脚,借以说明,樱桃与爱情的关系,爰及清季,馀波尚传,且有愈演愈烈之势。这可是中国式的。

纸鸢与风筝

一

纸鸢与风筝，当代人可能看成是一雅一俗的一对同义词。可是，起码在唐代，它们可是两种事物。这一点，古代人早已明白，因此，在许多辞典中通常把"风筝"列作两个义项。如《汉语大词典》所载即是：

①玩具，通常以竹蔑为骨架，糊以纸、绢而成。用长线系之，能乘风高飞。明陈沂《询刍录》："风筝，即纸鸢，又名风鸢。初，五代李业于宫中作纸鸢，引线乘风为戏。后于鸢首以竹为笛使风入，作声如筝，俗呼风筝。"

②悬挂在殿阁檐下的金属片，风气作声。又称"铁

马"。唐李白《登瓦官阁》诗:"两廊振法鼓,四角吟风筝。"明杨慎《升庵诗话·风筝诗》:"古人殿阁檐棱间有风琴、风筝,皆因风动成音,自谐宫商。"

需要补充说明的是,据我们见到的现有资料,直到五代前后,纸鸢是纸鸢,也称作"风鸢"。见于《新唐书·藩镇传·田悦传》:"〔张〕伾急,以纸为风鸢,高百馀丈,过〔田〕悦营上。悦使善射者射之,不能及。〔马〕燧营噪迎之,得书,言:'三日不解,临洺土且为悦食。'"按,前引陈沂《询刍录》说,五代李业在宫中作纸鸢为戏,这是见于《新五代史》卷三十的,没有说纸鸢始于李业。而明代郎瑛《七修类稿》卷二十二"辩证类"中"纸鸢"条却考证说:"纸鸢本五代汉隐帝与李业所造。"远了不说,即使证以上引《新唐书》此条,亦足见其误。再说,唐代有两篇著名的《纸鸢赋》,一篇是杨誉所写,见载于《全唐文》一百五十四;还有一篇是唐荣所写,见载于《全唐文》卷九百五十三。只要一读便知,唐代流行纸鸢,纸鸢的出现却肯定早于唐代。文繁不录,请读者自行寻检可也。

然而,唐五代人诗文中说到的"风筝"可全是"檐铃",或说是"风铃""风铎"的。引诗为证:

元稹《饮致用神麹酒三十韵》:"遥城传漏箭,乡寺响风铃。"

(《元稹集》卷十三)

白居易《游悟真寺》:"前对多宝塔,风铎鸣四端。"

(《白居易集笺校》卷六)

证明寺院中,特别是寺院的塔上悬挂风铃。至今如此。至于宫殿建筑,包括殿堂甚至帷帐,也时兴悬挂风铃,而且戛金琢玉,有踵事增华之势,李商隐《齐宫词》:"梁台歌管三更罢,犹自风摇九子铃"者是也。

写作"风筝'的则更多,除前引李白诗句外,下面再引几例:

杜甫《冬日洛城北谒玄元皇帝庙》:"风筝吹玉柱,露井冻银床。"

(《全唐诗》卷二二四)

元稹《连昌宫词》:"鸟啄风筝碎珠玉。"
(《全唐诗》卷四一九。这一句影响深远,后来人经常以"鸟啄风筝"来形容风铃的声音。)

李商隐《燕台四首·秋》："西楼一夜风筝急。"

（《全唐诗》卷五四一。此句影响亦颇深远，后来的文人写作，写到夜间的"风筝"，就大多指的是风铃了。）

还有那司空曙的《风筝》："高风吹玉柱，万籁忽齐飘。飒树迟难度，萦空细渐销。松泉鹿门夜，笙鹤洛滨朝。坐与真僧听，支颐向寂寥。"（《全唐诗》卷二九二）更有那鲍溶的《风筝》："何响与天通，瑶筝挂望中。彩炫非触指；锦瑟忽闻风。雁柱虚连势，鸾歌且坠空。夜和霜击磬，晴引凤归桐。幽咽谁生怨，清泠自匪躬。秦姬收宝匣，搔首不成功。"（《全唐诗》卷四八七）以上两首诗合观，似乎指的都是挂成一串的檐铃，而且是经过工匠与乐师合作制成，风吹时能发出某种简单的乐声。所以，"风筝"不是简单的檐铃，是特制的能发出乐声的檐铃。

再看看两篇写佛寺的文章：

申屠液《虢国公杨花台铭》："风筝逸韵，飞妙响于天宫；花雨依微，酒香尘于世界。"

（《全唐文》卷三二九）

杨知新《福田寺三门记》："挂风筝而动韵，禀律吕与天籁之齐音。"

（《全唐文》卷八零四）

可见，当时佛寺中的较大型的建筑，都要挂檐铃。

明杨慎《升庵诗话》卷一"风筝诗"条（《历代诗话续编》本）："古人殿阁，檐棱间有风琴、风筝，皆因风动成音，自谐宫商。元微之诗：'鸟啄风筝碎珠玉。'高骈有《夜听风筝》诗云：'夜静弦声响碧空，宫商信任往来风。依稀似曲才堪听，又被风吹别调中。'僧齐己有《风琴引》云：'按吴丝，雕楚竹，高托天风拂为曲。——宫商在素空，鸾鸣凤语翘梧桐。夜深天碧松风多，孤窗寒梦惊流波。愁魂傍枕不肯去，翻疑住处邻湘娥。金风声尽薰风发，冷泛虚堂韵难歇。常恐听多耳渐烦，清音不绝知音绝。'王半山有《风琴》诗云：'风铁相敲固可鸣，朔兵行夜响行营。如何清世容高枕，翻作幽窗枕上声。'此乃檐下铁马也，今名纸鸢曰风筝，亦非也。"这段考证颇为有名，迭经引用。杨慎说他引用的诗中所指"风琴、风筝"全是"檐下铁马"，这是对的。但是他没有与时俱进，否认宋代以下的风筝又是纸鸢的别名，则有点泥古不化啦！

我们读唐五代以后的诗文，需要注意的正是：写"纸鸢"就是纸鸢，最多写作"纸鹞"，也不至于误会。写作"风筝"可就得注意了。写地方民俗的，特别是民歌创作，风筝就是纸鸢的通俗称呼了。吟诗填词的，大部分是把风筝当作纸鸢的；个别的人有时就会显示自己的博学，在写到檐铃时，以"风筝"来借代。初学者千万要留心。下举五代毛熙震的词和两位清代的女史作的词，以为代表，并借资比较：

五代·毛熙震〔菩萨蛮〕（《花间集》卷十）：
　　梨花满院飘香雪，高楼夜静风筝咽。斜月照帘帷，忆君和梦稀。　　小窗灯影背，燕语惊愁态。屏掩断香飞，行云山外归。

清·白铭（女）〔月下笛（本意，和周清真韵）〕
　　霜杵敲寒，风筝夏梦，金波悬壁。空帘凄抑。隔院何人吹笛。按《伊凉》、初换《氐州》，似啼如诉凭谁识。有茵子仙管，绿珠遗调，动人胸臆。　　月明似水，听《梅花》飞尽，画阑频拍。换徵移商，何似哀弦远客。正砌蛩、宿鸟伤心，又嫠妇孤臣泪滴。恨微茫，最是远归一曲，声未息。

（《倚声初集》）

清·孙自仪（女）〔华胥引（咏闺人午睡）〕
　　银屏昼敞，画阁风清，帘花射影。眼底眉头，无端心事谁承领。绣床人倦难扶，怯被池孤冷。翠枕支痕，不禁凄凉重省。　　好梦谁惊，恰渐到、樱桃佳境。风筝鸟啄，碎语被他催醒。又是钿松鬓乱，朦胧重整。银鸭香消，再添几炷兰饼。

（《倚声初集》）

毛熙震清楚地写出，"高楼"上悬挂有檐铃，夜静无声，风筝的声音阒寂。两位女史熟读唐代诗文，故而摇笔即来。于此可见，宋代以后用"风筝"表示"檐铃"者，一定是饱学文士，嗜古成癖，一般的人就不往那儿想啦！

二

这一节介绍自宋代以下纸鸢即风筝在人们生活中的活动场景。

南宋周密《武林旧事》卷三记载都城杭州自正月"灯节"后至清明节前后的春游热闹场面，那是以断桥边赛纸鸢结束的：

都城自过收灯，贵游巨室，皆争先出郊，谓之"探春"，至禁烟为最盛。龙舟十馀，彩旗叠鼓，交舞曼衍，粲如织锦。内有曾经宣唤者，则锦衣花帽，以自别于众。京尹为立赏格,竞渡争标。内珰贵客,赏犒无算。都人士女,两堤骈集,几于无置足地。水面画格,栉比如鱼鳞,亦无行舟之路,歌欢箫鼓之声,振动远近,其盛可以想见。若游之次第,则先南而后北,至午则尽入西泠桥里湖,其外几无一舸矣。弁阳老人有词云"看画船尽入西泠,闲却半湖春色",盖纪实也。既而小泊断桥,千舫骈聚,歌管喧奏,粉黛罗列,最为繁盛。桥上少年郎,竞纵纸鸢,以相勾引,相牵剪截,以线绝者为负,此虽小技,亦有专门。

清·李斗《扬州画舫录》卷十一:

　　风筝盛于清明,其声在弓,其力在尾,大者方丈,尾长有至二三丈者。式多长方,呼为"板门",馀以螃蟹、蜈蚣、蝴蝶、蜻蜓、福字、寿字为多。次之陈妙常、僧尼会、老驼少、楚霸王及欢天喜地、天下太平之属,巧极人工。晚或系灯于尾,多至连三连五。

清·富察敦崇《燕京岁时记》"风筝"条:

　　儿童玩好亦有关于时令。京师十月以后,则有风筝、毽儿等物。风筝即纸鸢，缚竹为骨，以纸糊之，制成仙鹤、孔雀、沙雁、飞虎之类，绘画极工。儿童放之空中，最能清目。有带风琴锣鼓者，更抑扬可听，故谓之风筝也。

清·李调元《南越笔记》卷一"九日广州琼州风俗"条：

九日载花糕、茱萸酒。登五层楼双塔，放响弓鹞，重阳登高放风鸢。……风鸢之戏，广州则以重阳，琼州则以五月，南风盛时，载竹捆布续藤为绳放之，声闻数

采自北京工艺美术出版社出版之《曹雪芹风筝艺术》一书。

里。鸢制大可十倍，其说洵然。但余于秋时在琼，春时在广，亦见有放纸鸢者，惟与吴中止嬉春月，风候为特异耳。

限于篇幅，只可引以上几条资料。可以看出：一、春秋两季是放风筝的黄金季节。二、风筝的种类繁多，人们放起来在空中争奇斗胜。三、带声响的风筝颇多，还有带灯彩等等在晚上或特定场合放飞的。

笔者阅览所见，描写放风筝的全过程，十分生动有趣的，首推《红楼梦》第七十回：

  一语未了，只听窗外竹子上一声响，恰似窗屉子倒了一般，众人唬了一跳。丫鬟们出去瞧时，帘外丫鬟嚷道："一个大蝴蝶风筝挂在竹梢上了。"众丫鬟笑道："好一个齐整风筝！不知是谁家放断了绳，拿下他来。"宝玉等听了，也都出来看时，宝玉笑道："我认得这风筝。这是大老爷那院里娇红姑娘放的，拿下来给他送过去罢。"紫鹃笑道："难道天下没有一样的风筝，单他有这个不成？我不管，我且拿起来。"探春道："紫鹃也学小气了。你们一般的也有，这会子拾人走了的，也不怕忌讳。"黛玉笑道："可是呢，知道是谁放晦气的，快掉出去罢。把咱们的拿出来，咱们也放晦气。"紫鹃听了,赶着命小丫头们将这风筝送出与园门上值日的婆子去了,倘有人来找,好与他们去的。

这里小丫头们听见放风筝,巴不得一声儿,七手八脚都忙着拿出个美人风筝来。也有搬高凳去的,也有捆剪子股的,也有拨籰子的。宝钗等都立在院门前,命丫头们在院外敞地下放去。宝琴笑道:"你这个不大好看,不如三姐姐的那个软翅子凤凰好。"宝钗笑道:"果然。"因回头向翠墨笑道:"你把你们的拿来也放放。"翠墨笑嘻嘻的果然也取去了。宝玉又兴头起来,也打发个小丫头子家去,说:"把昨儿赖大娘送我的那个大鱼取来。"小丫头子去了半天,空手回来,笑道:"晴姑娘昨儿放走了。"宝玉道:"我还没放一遭儿呢。"探春笑道:"横竖是给你放晦气罢了。"宝玉道:"也罢。再把那个大螃蟹拿来罢。"丫头去了,同了几个人扛了一个美人并籰子来,说道:"袭姑娘说,昨儿把螃蟹给了三爷了。这一个是林大娘才送来的,放这一个罢。"宝玉细看了一回,只见这美人做的十分精致。心中欢喜,便命叫放起来。此时探春的也取了来,翠墨带着几个小丫头子们在那边山坡上已放了起来。宝琴也命人将自己的一个大红蝙蝠也取来。宝钗也高兴,也取了一个来,却是一连七个大雁的,都放起来。独有宝玉的美人放不起去。宝玉说丫头们不会放,自己放了半天，只起房高便落下来了。急的宝玉头上出汗，众人又笑。宝玉恨的掷在地下，指着风筝道："若不是个美人，我一顿脚跺个稀烂。"黛玉笑道："那是顶线不好，拿出去另使人打了顶线就好了。"宝玉一面使人拿去打顶线，一面又取一个来放。大家都仰面而看，天上这几个风筝都起在半空中去了。

一时丫鬟们又拿了许多各式各样的送饭的来，顽了一回。紫鹃笑道："这一回的劲大，姑娘来放罢。"黛玉听说，用手帕垫着手，顿了一顿，果然风紧力大，接过籰子来，随着风筝的势将籰子一松，只听一阵豁剌剌响，登时籰子线尽。黛玉因让众人来放。众人都笑道："各人都有，你先请罢。"黛玉笑道："这一放虽有趣，只是不忍。"李纨道："放风筝图的是这一乐，所以又说放晦气，你更该多放些，把你这病根儿都带了去就好了。"紫鹃笑道："我们姑娘越发小气了。那一年不放几个子，今忽然又心疼了。姑娘不放，等我放。"说着便向雪雁手中接过一把西洋小银剪子来，齐籰子根下寸丝不留，咯登一声铰断，笑道："这一去把病根儿可都带了去了。"那风筝飘飘摇摇，只管往后退了去，一时只有鸡蛋大小，展眼只剩了一点黑星，再展眼便不见了。众人皆仰面睃眼说："有趣，有趣。"宝玉道："可惜不知落在那里去了。若落在有人烟处，被小孩子得了还好,若落在荒郊野外无人烟处,我替他寂寞。想起来把我这个放去,教他两个作伴儿罢。"于是也用剪子剪断,照先放去。探春正要剪自己的凤凰,见天上也有一个凤凰,因道:"这也不知是谁家的。"众人皆笑说:"且别剪你的,看他倒像要来绞的样儿。"说着,只见那凤凰渐逼近来,遂与这凤凰绞在一起。众人方要往下收线,那一家也要收线,正不开交,又见一个门扇大的玲珑喜字带响鞭,在半天如钟鸣一般,也逼近来。众人笑道:"这一个也来绞了。且别收,让他三个绞在一处倒有趣呢。"说着,那喜字果然与这两个凤凰绞在一处。三下齐收乱顿,谁知线都断了,那三个风筝飘飘摇摇都走了。众人拍手哄然一笑,说:"倒有趣,可不知那喜字是谁家的,忒促狭了些。"黛玉说:"我的风筝也放去了,我也乏了,我也要歇歇去了。"宝钗说:"且等我们放了去,大家好散。"说着,看姊妹都放去了,大家方散。黛玉回房歪着养乏。

其中讲到放风筝的一般情景,我们暂且不提。只说两条。一条是"一时,丫鬟们又都拿了许多各式各样的'送饭的'来,顽了一回"。一般的注释或辞书,对"送饭的"的解释都差不多,试举《汉语大词典》第十册811页的解释为例:"放风筝的一种附加物。风筝升空后,将附加物挂在

退士闲篇

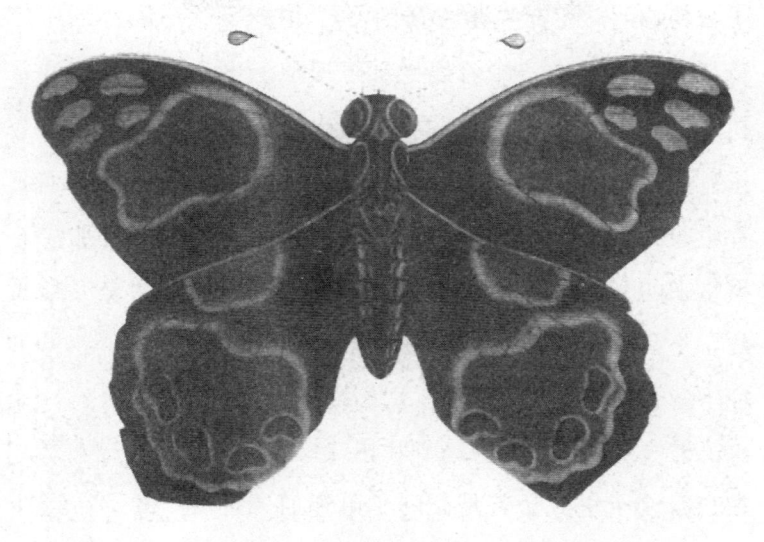

采自北京工艺美术出版社出版之《曹雪芹风筝艺术》一书。

线上,随风鼓起,沿线而上。有的附有爆竹,有的坠有彩饰。"用例就是《红楼梦》中这一段。需要补充说明的是,据我儿时所见,"送饭的"大别为两类。一类是爆竹,又可分为独响和一连串的鞭两种。药捻子得长而禁点,也就是说别在半途灭了,那就在捻子里多加点药,在空中还有闪亮效果呢。独响,特别是二提脚,最难放,放不好,如天上往地下放炸弹,伤人惹官司。放好了,则如飞机往天上放高射导弹,众人喝彩。但这两项都是险活儿,一般由大户人家专门雇来的"把势"来干。书中记录的外面飞来的"玲珑喜字带响鞭"便是代表,这句话也从侧面点明:大观园里放的不是带火药响的。还有一类是小纸匣子，内装许多五彩小纸片，待风筝已达高空，顺着线把纸匣子拽上去，到头后，再一拉手头的小线头（也有到高空顶点时能自动打开的），纸匣子打开，这就是送的"饭"了。爆竹炸裂后分散的许多小纸片也起同样效果，全是"饭"，但彩色略逊。我估计那些丫鬟拿来的全是样式不同的小纸匣子，里面装的不过是五彩纸片，不会放响鞭，更不能放炮——二提脚以至"盒子"（在空中爆裂后能放出种种灯彩）之类。

另一条是风筝线在高空互相"绞"。贾府是大户人家，在自家园子里放，若是豪门子弟外加"打哄"的，在野外放，绞在一起，彼此争胜，那个带响鞭的风筝，定有把势把场，跟着的豪奴更少不了。如果谁把谁给"绞"了，败者常常不服，很容易打起来。最后可能以群殴结局。大观园里的人，特别是小姐和丫鬟们，可是不懂那些事的了。

三

明清民歌小调中有关风筝的词儿不少。其中，把情郎等类人物比作"断线风筝"一去不返者颇多，似乎形成老套。今姑引其不太落俗套的两首，尝鼎一脔：

风筝

风筝儿，要紧是千尺线，忐飘荡，（不怕你）走上天，一丝丝，一段段，（拿住你在）身边缠。不是我不放手，（放手时你就）一去不回还，听着了你的风声也，（我自会凑你的）高低和近远。

游春

姐儿无事去游春，手拿着红纸糊的哪吒闹海大风筝，上挂着红灯，上挂着红灯。郎问姐儿你往那里去，先到平山堂。大佛寺，八大景，大红桥，看看清，散散心，再放风筝，再放风筝，又来到万松林，又过了接驾亭，远远望见游湖的船，尽都是俏郎君，尽都是俏郎君。弹的是琵琶筝，弦子共月琴，唱的是〔寄生草〕，〔劈破玉〕，〔满江红〕，〔剪剪花〕儿甚是精，引动奴的情，（哎哟）不愿回程。

这两首，现在都可在《明清民歌时调集》中找到。这类书籍还有《挂枝儿》等，所载有关风筝的内容者不少。请读者自行查阅。附带说一句：明清小说戏曲等材料中，以"断线风筝"作比喻者常见，不赘引。我们这篇的引文显得多了，文章长了，就此打住得了。

（原发表于《文史知识》2008年第4期）

也说说"升官图"与"彩选"

一

我读载于《万象》第九卷第二期（2007年2月出版）卷首刊载的苏同炳先生大作《岁朝乐事"升官图"》一文，受益良多。苏先生所述，大体上属于正规"博戏"的升官图，也就是说，那是一部分成年人赌输赢的博弈。苏先生已经把它的内涵、玩法说得十分清楚。解放前，亦即我的中学时代（1943—1948年），在北京，每当春节期间，我也和同学玩"升官图"。我们玩的是供青少年人使用的升官图，玩法要简易得多。读苏先生文后，我又查了一些资料，现在一并写出，狗尾续貂，作为苏先生大文的补充。

"升官图"是一种介于游戏与赌博之间的博戏。它的玩法是：首先，要有一张绘制出的图，从外面到里面画有若干蟠蛇形的路途，中设许多站，各缀以名称。最常见常用的是官名，从外圈的低级"未入流"到最高级的中央政府宰相为止，怕犯上，没有皇上一级。代表性的图，已在苏先生文内附见，请检视。其次，可以几个人一起玩，各人找一个代表自己的记认物，如不同的棋子，或临时写成的小纸片。然后掷骰子以定从起始点向前移动几步，此后再掷以定前进或后退步数。如此往复循环，先到最高点即升至最高官职者胜。可以分析出，其特点有以下几项：

一、掷骰子，最简单的玩法是，一般用一个骰子，轮流掷。按一定的规定，如四点为"德"，六点为"才"，五点为"功"，三点为"良"，二点为"柔"（意为"柔懦"，亦即不称职），一点为"赃"之类。以之定前进后退。解放前，如在二十世纪三四十年代的北京，文具店里卖给学生等人玩的印好的升官图（约有一张四开报纸那样大），为了怕官府找茬说是赌具，掩耳盗铃，不带骰子，只附一个四面或六面的小陀螺，上有一至四或至六的数字而非骰子点儿，在桌子等平面上转陀螺以定胜负点数。如果是四面体，则四点为"德"，三点为"功"或"才"，两点为"柔"或"懦"，一点为"赃"。另附几个不同颜色（大致有蓝、绿、紫、黄、红五色）的跳棋木棋子，以为个人的记认物。

白化文文集

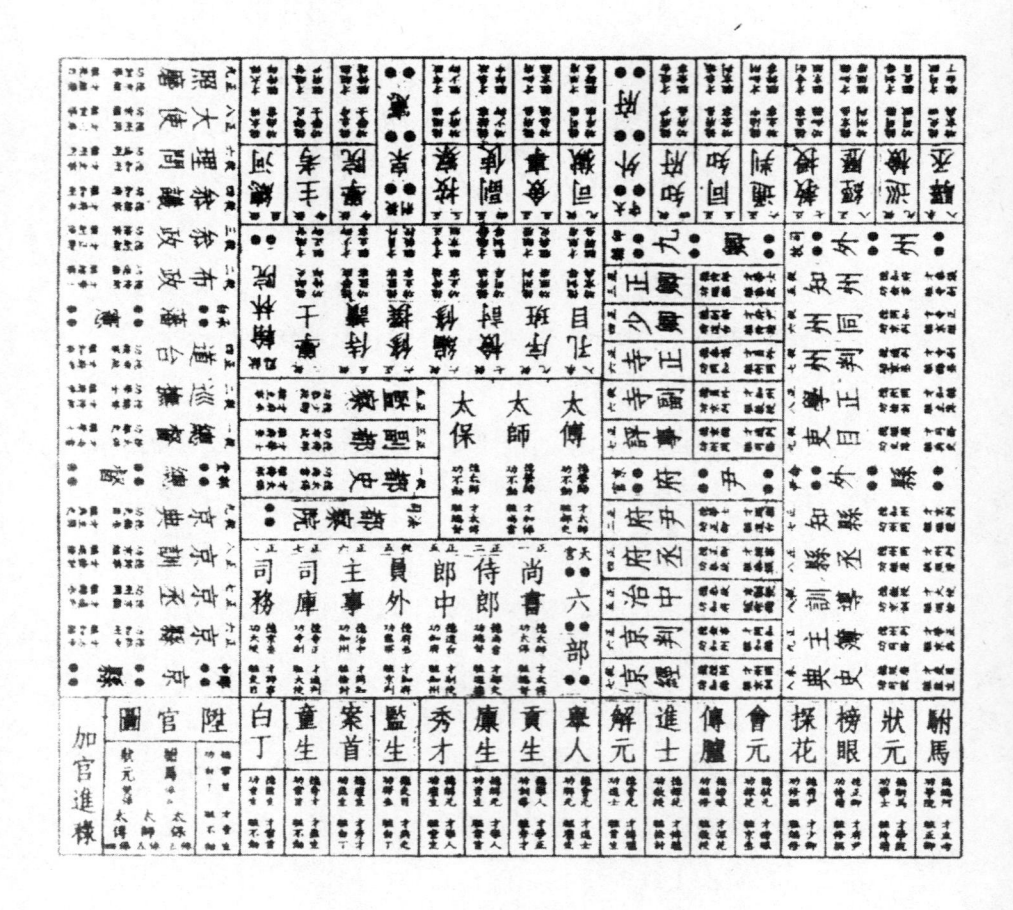

明代升官图（摹本）

也有赌输赢的,那就复杂得多,常常用到两颗甚至四颗骰子,在骰子碗里掷。计算方法也繁复得多。我没有玩过,不懂。现在读苏先生大文,算是明白一些了,但未经实践,还是缺乏感性认识。

二、升官图有多种。那时文具店里卖给学生等人的就有大体上是按明代官制绘制印好的,也有按清代官制的,按民国北洋政府官制的(最高级为大总统,不怕犯上,因为总统是"国民公推"的,从法律上讲,成年公民谁都有资格),按北洋政府军制的,按民国初年学制的(加上最高级为留洋博士,西洋高过东洋)。每张大致都是四开报纸那么大。随意挑选。其实,依时代不同、地域差异、文化水平高低,以及男女之别,职业信仰之不同,升官图种数颇多。不知有人统计过没有。过去还有人时时想创新呢。试看下列记述:

明代谢肇淛《五杂俎·人部二》

唐李郃有"骰子选格",宋刘蒙叟、杨亿等有"彩选格",即今"升官图"也。诸戏之中,最为俚俗。不知尹洙、张访诸公,何以为之,不一而足。至又有"选仙图""选佛图",不足观矣。

清代梁章钜《浪迹丛谈》卷六有"升官图"条,内容摘录如下:

余有《怀潘芸阁河帅诗》云："同舟本前定，一笑晤邢房。"阅者多不得其解。盖余于嘉庆乙亥年，与芸阁同官京师，偶因献岁，共在林少穆斋中赌升官图，余与芸阁适同入河防一路。至道光乙酉，芸阁与余，果同从公淮浦，絮谈及之，信是天缘前定，前后刚十年也。或问，升官图枋于何时？按此图相传为倪鸿宝所作，前人谓之达格，亦谓之百官铎，所列皆明之官制。其实此戏自唐时即有之，房千里《骰子选格序》云："开成三年春，予自海上北行，次洞庭之阳，有风甚紧，系船野浦下三日，遇二三子号进士者，以穴骼双双为戏，更投局上，以数多少为进身职官之差，数丰贵而约贱，卒局有为尉椽而止者，有贵为将相者，有连得美名而后不振者，有始甚微而倏然在上位者，大凡得失不系贤不肖，但卜其遇不遇耳。"又《文献通考·经籍门》有《汉官仪新选》一卷，刘敞撰，取西汉之官，而附以列传黜陟可或笑者杂编之，以为博奕之一助。又《武林旧事·市肆记》有选官图，列于《小经纪》内，亦即此戏。余亡友李兰卿曾手创一图，取《明史》中职官，尽入其中，分各途各班，以定进取，极为精核。余曾怂恿其镂板以行，自分手外宦后，此局遂疏，今无从复问矣。

可见，从历史上看，升官图早已演变成多种多样。我们据而尚可得出：

三、有专供妇女游戏用的，有供僧尼用的，有供道士用的。当然，这些，一般人也可以玩。下举两例：

宋代王珪《宫词》（《全宋诗》卷三九六）：
尽日闲窗赌选仙，小娃争觅倒盆钱。
上筹须占蓬莱岛，一掷乘鸾出洞天。

化文按："倒盆"意为玩够了把骰子盆翻过来，以示结束。这时，会撒一些铜钱，供小儿争抢，以为笑乐。后代打麻将"抽头儿"与"倒盆钱"有点类似。后来，"倒盆"一词常被借用来形象化地形容银钱业如银行倒闭等事。这首诗说明，"选仙"是赌钱的。

清代虞兆漋《天香楼偶得》载：
俗集古仙人作图为戏，用骰子比色，先为散仙，次上洞，以渐而至蓬莱大罗等列，比色时首重绯为德，次六与三为才，又次五与二为功，最下者幺，则谓之过，凡有过者，谪作采樵、思凡之类，遇德复位。按：此与选官图无他异，惟易官为仙，大凡妇女辈无服官之志，因小变其名目焉，郑樵《通志·略》有"寻仙彩选格",与"汉官仪选""文武彩选"诸格并录,"寻仙彩选",当即"选仙图"耳。

化文见过先母和我的姨母、姑姥姥等位玩"选仙图",也是简化的,即只掷一粒骰子,不大赌输赢。我见过的有多种图:有仅列女仙的,至王母为止;有兼列上中下八洞中的男仙和福禄寿三星的,但并无太上老君、太白金星等高级神仙。也是到王母为止。我估计女道士也是玩这个的。我们男学生嫌这种图女里女气,没有玩过。估计没有单选男仙的选仙图。还有"选佛图",简化的我也见过,那可是到释迦牟尼佛和阿弥陀佛为止的。但我没有玩过。

以上说明,升官图有多种。拙见是,似乎不宜用"升官图"来统摄这些内容大不相同的图及其玩法,姑且以"彩选"统之,逻辑上还算过得去。

四、玩升官图,似乎有一种约定俗成的季节性,即只集中在春节期间。清季张春帆《九尾龟》第一百二十八回,摘录如下:

不知不觉的早到了十二月二十八的那一天,腊鼓迎年,屠苏献岁,万家爆竹,大地回春。秋谷在家里头没有什么事,便和太夫人讲些外面的事情,说些街巷的笑话。有时候带着一妻一妾,同着太夫人抢状元筹、掷升官图；掷得不耐烦，便四个人打一局麻雀，和哄得太夫人甚是高兴。

清代刘献廷《广阳杂记》卷四，内容摘录如下：

予在衡署中度岁，日闻堂中竞掷升官图喧笑，不知此中有何意味，而诸公耽之至此。予欲取两汉、魏晋、南北朝、隋唐、宋元选举职官，各为《升官图》一纸，《升官图说》一册，置学舍中，节日暇时，病馀课毕，以此消遣，久之而历朝选举、职官、考课、铨选之法，皆了了矣，亦读史之一助也，贤于博弈远矣。

刘献廷的意见，透露出"升官图"也就是"彩选"系统与单纯的赌博不同，对文化水平要求较高，而且可以寓学习于游戏之中。这个意见很值得重视，至今还有借鉴意义。"非典"期间，许多人被禁闭在家里，无聊。报载一位女中学生就利用升官图的原理，发明一种脱病无恙图，中列有如勤洗手和戴口罩者晋级、打针一个周期期满者出院之类级别。"非典"禁锢迅速解除，此项发明未见推广。但它昭示我们：新式"彩选"大有用武之地也。

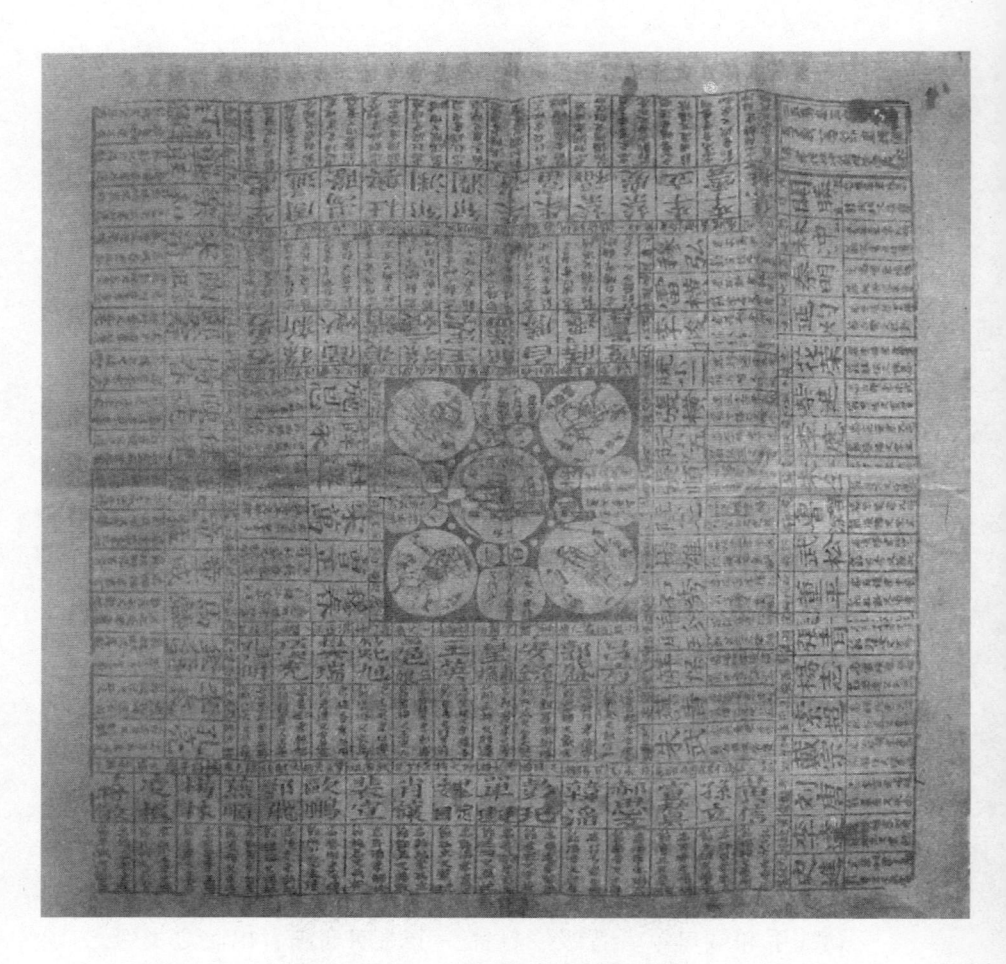

两种"彩选":右为《水浒》一百单八天罡地煞,左为升官与科举。

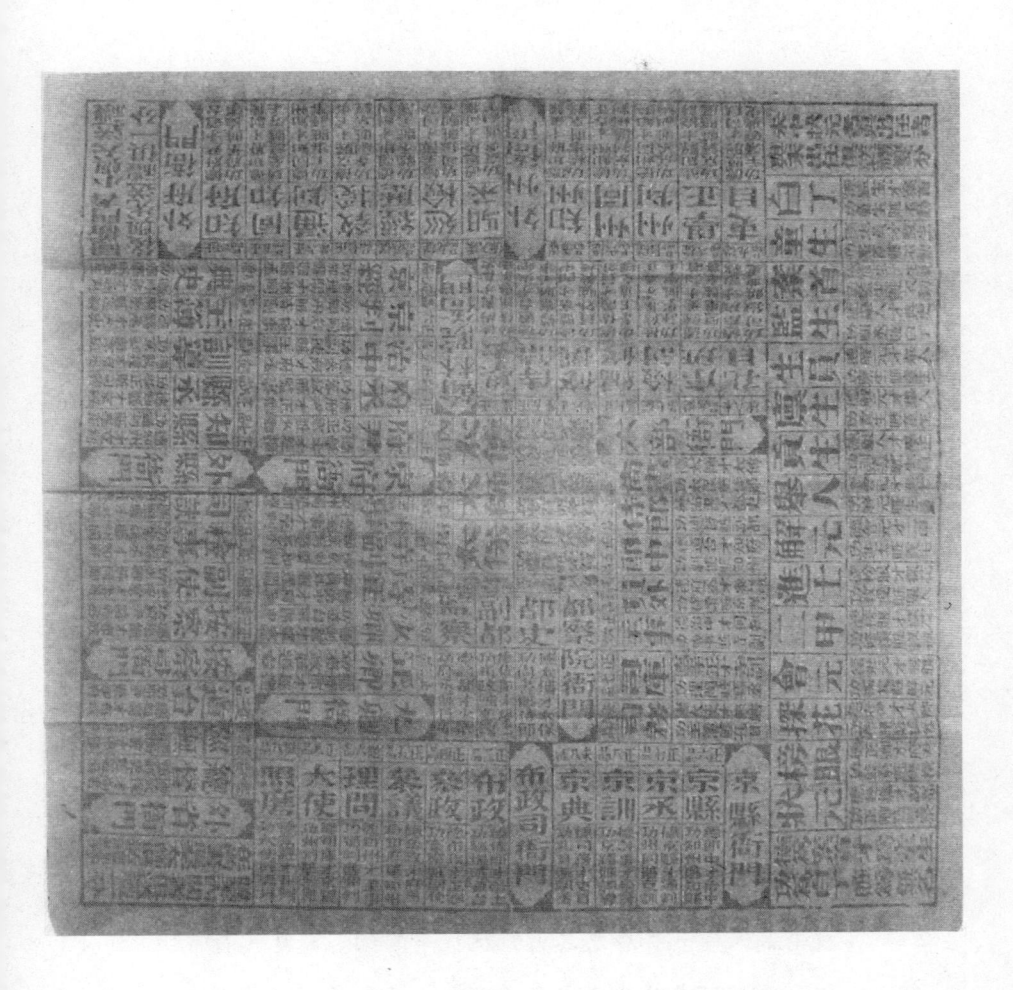

退士闲篇

二

大体上自唐代以来，已有若干关于"彩选""骰子选格"与"升官图"的记述与考证。先说考证，个人所见，其中以清代大学者赵翼《陔馀丛考》卷三十三"升官图"条考证较为明晰，先备录如下：

世俗局戏有"升官图"，开列大小官位于纸上，以明琼掷之，计点数之多寡，以定升降。按房千里有《骰子选格序》云："以穴骼双双为戏，更投局上，以数多少为进身职官之差，丰贵而约贱，有为尉椽而止者，有贵为将相者，有连得美名而后不振者，有始甚微而倏然升上位者；大凡得失不系贤不肖，但卜其偶不偶耳。"此即"升官图"所由本也。东坡文云："流俗经营，倘来惴惴，惟恐后于他人，何异掷骰者心动于中而色形于外也。"王逢原《彩选》诗云："卒无及第效，徒有高人气。昏昏忘其大，扰扰争其细。"见《黄常明诗话》。可见此戏唐以来已有之。王阮亭谓："彩选始唐李郃，宋尹师鲁踵而为之。元丰官制行，有宋保国老又更定之。刘贡父则取西汉官秩为之，又取本传所以升黜之语注其下，其兄原父喜而序之。"此所述尤为详备。而赵明远亦有《彩选格》，见沈作哲《寓简》。又宋时有"选仙图"，亦用骰子比色，先为散仙，次为上洞，以渐至蓬莱、大罗等列仙。其比色之法，首重排四，次六与三，最下者幺。凡有过失者，谪作采樵、思凡之人，遇胜色仍复位。王珪宫词有云"尽日窗间赌选仙，小娃争觅倒盆钱。上等须占蓬莱岛，一掷乘鸾出洞天。"亦彩选之类也。今"升官图"一名"百官铎"，有明一代官制略备，以明琼掷之定迁擢，有赃则降罚，相传为倪鸿宝所造。又有"忠佞升官图"，有严嵩、杨椒山诸人，则以人品优劣定胜负矣。又有判为三教者，各以彩色定进身之途，则亦选仙之流也。《辽史》兴宗晚年倦勤，用人不能自择，令各掷骰子，以采胜者官之，则真以骰子选官矣（见《耶律严传》）。

以下，大略按时代顺序，将一些资料排列于下，有的略附评议。

《全唐文》卷七六〇载有房千里《骰子选格序》：

> 古之序班位，列爵禄，非独以理万民总百事也，用以别白贤不肖。尧为君，舜为相，其下有共、鲧焉；成王为君，周公为相，其下有管、蔡焉。舜、周公之贵，

非幸也，宜也；共、鲧、管、蔡之殛放，非不幸也，宜也。故贤者宜进之，虽已贵，益其禄厚其爵不为幸；不肖者宜退之，虽已贱，夺其廪削其秩不为欿。由是人用自励，迁善去恶，强奋自笃。后代衰微，升于上者不必贤，沉于下者不必愚。得不必功，失不必过。贤者知其善不足恃，耻比肩而趋，故贤未尝进；不肖者知其恶不果弃，惟奋臂而逞，故不肖未尝退。有贤者退，人虽心知之，卒无奈何，且曰非人也，命也；有不肖者进，人虽心知之，又无可奈何，亦曰非人也，命也。以是善不劝而恶不悛，率曰付诸命而已矣。果如是，圣人所谓仁义忠信者，何足道哉！姑征其有命无命耳。悲夫！斯后代之不可复古，岂不由是也。

开成三年春，予自海上北徙，舟行次洞庭之阳，有风甚急，系船野浦下三日。遇二三子号进士者，以六骰双双为戏，更投局上，以数多少为进身职官之差数，丰贵而约贱。卒局，座客有为尉掾而止者，有贵为相臣将臣者，有连得美名而后不振者，有始甚微而擢升于上位者。大凡得失，酷似前所谓不系贤不肖，但卜其偶不偶耳。达人以生死为劳息，万物为一马。果如是，吾今之贵者，安知其不果贱哉！彼真为贵者，乃数年之荣耳。吾今贵者，亦数刻之乐耳。虽久促稍异，其归于偶也同。列御寇叙穆天子梦游事，近者沈拾遗述枕中事，彼皆异类微物，且犹窃爵位以加人，或一瞬为数十岁。吾果斯人也，又安知数刻之乐，果不及数年之荣耶。因条所置进身职官迁黜之目，为骰子选格序。

按，此文恐系有关升官图也就是彩选的现存最早的系统化记录。年代季节明确：开成三年春（838年）；地点也明确：洞庭湖北岸。

三

以下，略引宋代诗词，以其在使用专名词上有颇值得注意之处：

宋代孔平仲《清江三孔集》卷二三，有《选官图口号》：

环合官图展，观呼象子圆。飞腾随八赤，摧折在双玄。已贵翻投裔，将薨却上天。须臾文换武，俄项后驰先。错杂贤愚品，偏颇造化权。望移情（豫章本作晴）欲脱，患失胆俱悬。愠色观三已，豪心待九迁。宁知即罢局，荣辱两茫然。

宋代李新《武功驿留题》：
雾卷马蹄尘自起，东风送渡咸阳水。
故园花木绿成围，犹向关中见桃李。闻道春前雪最深，行人僵死薪如金。羲和不肯为日驭，潜入北海分幽阴。长安今过何曾识，此度刘郎老于昔。终南人望眼长青，渭水翻波心更赤。只今身在选官图，梦守么么五十馀。衣轻跃骏美年少，爱尔平时不读书。

宋代陈垓，有一首绝句：
砚干笔秃墨糊涂，半夜敲门送省符。掷得么么监岳庙，恰如输了选官图。

按，据宋代俞文豹《吹剑录》载：陈漫翁监转般仓，与镇江守乔平章争一事，平章乞回避，漫翁得岳祠。吏持牒索回文，漫翁就书一绝云。可见，当时是用两个骰子掷的，掷出两个么点，陈垓（陈漫翁）退休了。"监岳（山岳的岳）祠"在宋代就是给予领导一处道教庙宇的头衔，领干薪，一般不用去上班的。

宋代许棐有《选官图》诗：
排衔累职甚分明，除罢皆由彩色行。纵有黄金无好采，也难平白到公卿。

宋代胡仲弓有《选官图》诗：

百年穷仕宦，尽在此图中。真假名虽别，升沉理则同。前程如漆黑，末着满盘红。时采毋虚掷，平迁至上公。

我们要注意：以上各诗，均称"选官图"，可见这是"升官图"在宋代的通称。

再举《全宋词》中两例：

姚云文《沁园春·归田作》：

看做官来，只似儿时，掷选官图。如琼崖儋岸，浑么便去，翰林给舍，喝采曾除。都一掷间，许多般样，输了还赢赢了输。回头看，这浮云富贵，到底花虚。　吾生谁毁谁誉。任荆棘丛丛满仕途。叹塞翁失马，祸也福也，蕉间得鹿，真欤梦欤？何怨何尤，自歌自笑，天要吾侪更读书。归去也，向竹松深处，结个茅庐。

吕渭老《浣溪沙·彩选》：

彩选骰儿隔袖拈。整钗微见玉纤纤。夜寒窗外更垂帘。　好事灯花双作蕊，照人月影入斜檐。新愁日日座中添。

我们看出，宋词中，在涉及女性时，不用"选官图"而用"彩选"以代之。臆度：当时妇女，特别是青年女性掷的八成是"选仙图"一类的"彩选"。宋代人是将此类彩选与选官图严格区分开的。

四

清代钱泳《履园丛话·丛话二十一·笑柄》有"升官图"条，内容摘录如下：

> 韩城师禹门太守两次落职，余作书慰之曰："一官何足介意耶，亦如掷升官图，其得失不系乎贤不肖，但卜其遇不遇耳。"太守阅之，为之解颐。

这就是苏先生大文中最后一节中慨叹的"仕途诡谲""宦海浮沉"了！

笔床茶灶　雨笠烟蓑

笔墨纸砚，是中国传统的文房四宝。它们各有并共有与之配套的种种器具，可以笼而统之将之合称为"文房用具"。我正在阅读学习的一本华慈祥先生所著的《文物鉴赏丛书·文房用具》（上海书店出版社2004年版），还有一部朱季黄（家溍）先生主编的《中国文房四宝全集·4·文房清供》（北京出版社2008年版。这一卷是由副主编张荣先生主编的），都是专门讲这些用具的。华先生是从文物鉴赏角度讲的，朱、张等位先生主编的更是一本图录。我在阅读中受到启发，并从而查阅其他文献，从另外的角度考虑，个人有了一些心得体会。这里要汇报的，就是如题目所示，属于"笔床茶灶""雨笠烟蓑"的事，而且以"笔床"为主。凡是上述两书中讲过的话，引用过的材料，请读者自行观览他们的书，我则尽可能地避免重复。

"笔床"是放置毛笔的器具。放置毛笔的器具，从安置方式区分，大体上可以将它们归纳成：

笔格，亦可称作笔山、笔搁等，是斜着搁笔的工具。形式多种多样，常见的是山字形，在山字形基础上变化颇多。可说是最常见常用的置笔用具[①]。

笔床和笔船都是平卧式搁笔的工具，性质和用法从同，不过笔船制作成船形罢了。但笔床明清以来少见，笔船更少见，使用者不多[②]。据我粗略统计，《中国文房四宝全集·4·文房清供》一书中以图文并茂形式著录笔床、笔船仅各一件，笔架二十三件，笔插三件，笔筒五十件，文具盒九件。从而可以看出它们的流行程度。

《文房用具》一书中分析笔格与笔床的优劣，计有两条："把笔搁在笔格，只需将笔管的一端放上，而大多数的笔床两端都有凹槽，笔管的两端都要嵌入笔床上的凹槽，笔

[①] 明代高濂撰《雅尚斋遵生八笺》卷十五"笔格"条："有玉为山形者，为卧仙者；有珊瑚者，有玛瑙者，有水精者，有刻犀者。匪直新制，旧做亦多。……旧玉子母六猫，长七寸，以母横卧为坐，以子猫起伏为格，真奇物也。……余斋一石，蟠屈状龙，不假斧凿，亦奇物也。可架笔三矢。"可见笔格制法、质料变化之多。

[②] 同上书同卷"笔床"条："笔床之制，行世甚少。余得一古鎏笔床，长六寸二分，阔二十馀，如一架然。上可卧笔四矢。以此为式，用紫檀、乌木为之，亦佳。"又，"笔船"条："有紫檀、乌木细镶竹篾者，精甚。又以牙玉为之者，亦佳。"

格在使用上的方便是显而易见的。""笔格在造型上的多样性、随意性，会更受文人的青睐。"关于第二点，还可扩充：受到大多数使用者的青睐。

不论是笔格还是笔床，都宜于在使用毛笔的短暂停留过程中使用，可以不必非得加笔帽，笔床、笔船更是如此。下面的两大类用具就不行了。

一类是笔插，属于直立型插笔用具。那是要连着笔帽插进去的。据我看，属于一种艺术造型颇为鲜明的异型笔筒，不止能插一只笔。有的"笔插"自带笔帽，乃是一种近代办公室中流行的"笔插"，常为铜制，也有瓷器等资质的，特点为自带几个——常为四至五个——插中小型毛笔的笔帽。铜质的，账房先生等惯用，不登大雅之堂。有人也称之为"笔架"。但是，能登大雅之堂的真正的"笔架"乃是另一种，国画家、书法家等使用，常以贵重木材如花梨、紫檀等制成，切不可用铜制，金银制也不成——那就俗气啦！这种笔架是挂笔用的。一挂一排，均不用笔帽。能挂上的笔是特制的，笔管上端带有红丝绳之类，以便于悬挂。一般的书桌放不下它，须有大型画案、书案安置。附带要有大型涮笔用具。上述笔插类器具，大体上均为停放毛笔专用。

笔筒是大众化的安置文房用具的用具，除了毛笔，在现当代早用以放置别的笔；铅笔、钢笔、圆珠笔、签字笔等以及尺子、圆规什么的，只要是长条状的东西，均便于安置取

笔床

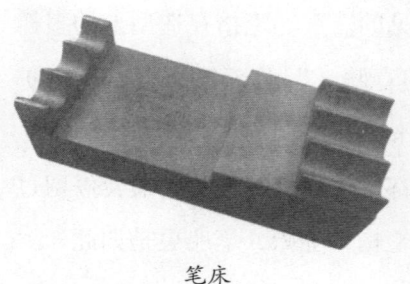

用。形式多种多样，大小不一，流行时间极长，至今生命力不衰。更有西方传入的易于携带的铅笔盒，大中小学学生几乎人手一盒，那已是"舶来品"的国产化，不属于"国粹"，不赘述。但应注意的是，一、中国古来早有自己的放置文房四宝的文具盒，不过比起西方传入的便携式铅笔盒来，一般比较贵重与沉重，不易普及罢了。但是，中国传统文具盒形式多样化[①]。二、毛笔纳入笔筒甚或是铅笔盒，一定要戴上自己的笔帽，下次取用时还不如削好的铅笔，抄起来就能使呢。这也证明，笔筒用来盛放别的笔和其他文具，比起放毛笔还好使，故而生命力强。

综上所言，笔床及与之同类的笔船，使用者不多，早已淡出历史舞台。最常用的恐怕还是笔筒。证以我手头的朱赛虹女史主纂的《清代御制诗文篇目通检》（同心出版社2007年12月出版），从中检出，皇上的诗文题目里，提到"笔

---

① 同上书同卷"文具匣"条："匣制三格，有四格者。用提架。总藏器具。非为观美，不必镶嵌、雕刻求奇。花梨木为之足矣。亦不用竹丝蟠口镶口，费工无益，反致坏速。"这有点像是小型文具柜了，亦可看出中国文房器物之多且杂。若舶来品样式的笔盒，光盛铅笔及其他笔类，以及橡皮、直尺、圆规等物，就用不着做得那么大了。

筒"的计有三十八处,"笔帽"一处,没提"笔床""笔格",清宫中绝对有相当数量的正规的笔床和笔格,但未见反映,可见,跟皇帝朝夕相处的,还是笔筒。

可是,在唐代以下直至近代的文献中,特别是在诗词曲等文学作品里,一提到放置毛笔的器具,在特定环境中,差不多总是把"笔床"摆出来,而且把它和"茶灶"并举。"茶灶"可以置换成"茶具""茶瓯"——但不得换成"茶壶"——之类,笔床不能置换。这是为什么呢?原来,根子在唐代陆龟蒙的一篇自传体作品《甫里先生传》那里。下举载于《全唐文》八百零一卷中的此文片段:

甫里先生者,不知何许人也,人见其耕于甫里,故云。先生性野逸无羁检,好读古圣人书。探六经,识大义。

先生平居以文章自怡,虽幽忧疾痛中,落然无旬日生计,未尝暂辍。点窜涂抹者,纸札相压,投于箱箧中,历年不能净。写一本,或为好事者取去,后于他人家见,亦不复谓己作矣。少攻歌诗,欲与造物者争柄。遇事辄变化,不一其体裁。始则凌轹波涛,穿险穴固,囚锁怪异,破阵碎敌,卒造平淡而后已。好洁,几格、窗户、砚席,翦然无尘埃。……朱黄二毫,未尝一日去于手。

……

先生贫而不言利。问之，对曰："利者，商也，人既士矣，奈何乱四人之业乎？且仲尼孟轲氏之所不许。"先生之居，有池数亩，有屋三十楹，有田畸十万步，有牛不减四十蹄，有耕夫百馀指。而田卑下，暑雨一昼夜，则与江通，无别己田他田也。先生由是苦饥，仓无升斗蓄积，乃躬负畚锸，率耕夫以为具。由是岁波虽狂，不能跳吾防、溺吾稼也。或讥刺之，先生曰："尧舜霉瘠，大禹胼胝。彼非圣人耶？吾一布衣耳。不勤劬，何以为妻子之天乎？且与其蠹虱名器雀鼠仓庾者何如哉？"先生嗜茶荈，置小园于顾渚山下，岁入茶租十许，簿为瓯牺之费。自为《品第书》一篇，继《茶经》《茶诀》之后。南阳张又新尝为《水说》，凡七等，其二曰"惠山寺石泉"，其三曰"虎丘寺石井"，其六曰"吴松江"，是三水距先生远不百里，高僧逸人时致之，以助其好。先生始以喜酒得疾，血败气索者二年，而后能起。有客至，亦洁樽置醊，但不复引满向口耳。性不喜与俗人交，虽诣门不得见也。不置车马，不务庆吊。内外姻党，伏腊丧祭，未尝及时往。或寒暑得中，体佳无事时，则乘小舟，设蓬席，赍一束书，茶灶、笔床、钓具，棹船郎而已。所诣小不会意，径还不留，虽水禽决起山鹿骇走之不若也。人谓之江湖散人，先生乃著《江湖散人传》而歌咏之……

陆龟蒙的"一人之交"皮日休，写过《茶中杂咏》十首，其中有一首《茶灶》，陆龟蒙和了十首杂咏。现将二人各一首《茶灶》录出：

南山茶事动，灶起岩根傍。水煮石发气，薪然杉脂香。青琼蒸后凝，绿髓炊来光。如何重辛苦，一一输膏粱。（皮日休作）

无突抱轻岚，有烟映初旭。盈锅玉泉沸，满甑云芽熟。奇香袭春桂，嫩色凌秋菊。炀者若吾徒，年年看不足。（陆龟蒙作。题下有注：《经》云："茶灶无突"。）

可见，皮、陆二氏所见所用的"茶灶"是真的。至于后代如明代绘画中的童子煮茶，如《五言唐诗画谱》中所示，是不是唐人旧制，那就是天晓得了。但那是没烟突的小火炉，可见是参考过上述诗句的。明清传世图画中所见，大略如是。

陆龟蒙的生平，见于《新唐书》卷一九六《隐逸传》，《唐摭言》卷一零、《北梦琐言》卷六、《唐才子传》卷八等书籍中所记，大半均录自《甫里先生传》。综合这些记录，可以得出：

陆龟蒙是一位著名的隐士，工诗文；他爱种茶、饮茶，有这方面的著作；他隐居在今太湖之畔即苏州一带，以耕读自娱；他在身体好的空闲时候，就驾小船出游，船上必备的设备有笔床、茶灶。有人给他驾船。船的所有权极可能属于他。

这是一位中古以下旧社会中士大夫、文人雅士、高级清客等人心目中希望企及的高士典型。其活动地域，得在江湖水乡；生活条件则应处于中小地主水平，还得有点陶朱公的算计；他可得生活在比较承平的时代。至于他的典型道具，后人为他选定了笔床、茶灶。久而久之，笔床加上茶灶，便成了典故，用以作高士的陪衬。明清之间流行的蒙学初学故实小类书《龙文鞭影》，在"十一真"里就列有"笔床茶灶，羽扇纶巾"，已经形成典故了：前者以部分代全体的道具表现陆龟蒙类型独善其身的高士，后者以代表性衣饰用具打扮兼济天下的诸葛亮式贤臣。二者均为文士，属于当时的高级知识分子，分别属于"穷则独善其身""达则兼济天下"的两种理想类型。

必须注意的是，在成为典故的过程中，茶灶可换成"茶瓯""茶具"等，有其不固定性；笔床则不能换。毛锥是文人的命根子，与音乐家手中的乐器同等，所谓"相如渴甚兼贫甚，只典征裘不典琴"（清代黄仲则诗句）者是也。

以"笔床、茶灶"为典故，大盛于南宋。江南一带是水乡，宋金和议后有较长的相对和平时期，中国的士大夫中较为正派至少是自认正派而在朝中不得志者是大批的，高级清客如姜白石者也不少。于是，诗文中"笔床、茶灶"不断出现，加上大型道具"蓬船"者也不少见，更有"雨笠烟蓑"来形容。实际上，后世穷酸能自备船只者恐怕绝无仅有，能租船的也未必多，八成得赶趁阔大爷的。正如周邦彦《满庭芳·夏日溧水无想山作》中所写："黄芦苦竹，拟泛九江船"，他是想摹拟江州司马白居易，消遣不得志的闲愁，去泛舟的。可是，清代陈廷焯的《白雨斋词话》点出："九江之船卒未尝泛。"其实，就连当年白居易坐的那条船也不是自己的。周邦彦有没有船可坐，还是个问题呢！反正在词中没有坐成。后世文人在大多数情况下避免笔下出现"蓬船"这类大型道具，就是"笔床、茶灶"也不甚拘泥非得原汁原味，八成有个笔山或笔筒，也就当笔床看。典故嘛，何必当真。

宋代以下，使用"笔床、茶灶"当典故、做道具的，触目可见，举不胜举。姑举出十例，以概其余。

以下从《全宋词》中选录，录其书中页码：

胡仔《满江红》（1071页）：
泛宅浮家，何处好？苕溪清境，占云山万迭，烟波千顷。茶灶笔床浑不用，雪蓑月笛偏相称。争不教二纪赋归来，甘幽屏。　　红尘事，谁能省。青霞志，方高引。任家风舴艋，生涯笭箵。三尺鲈鱼真好脍，一瓢春酒宜闲饮。问此时怀抱向谁论，惟箕颍。

陆游《苏武慢·唐安西湖》（1591页）：
……空记忆，杜曲池台，新丰歌管，怎得故人音信？羁怀易感，老伴无多，谈麈久闲犀柄。惟有翛然，笔床茶灶，自适笋舆烟艇。待绿荷遮岸，红蕖浮水，更乘幽兴。

陆游《沁园春·洞庭春色》（1592页）：
……人间定无可意，怎换得，玉鲙丝莼。且钓竿渔艇，笔床茶灶，闲听荷雨，一洗衣尘。……

黄升《西河·己亥秋作》（2299页）：
……少年事，成梦里。客愁付与流水。笔床茶具老空山，未妨肆志。世间富贵要时贤，深居宜有馀味。

张炎《声声慢·赋渔隐》（3476页）：
……欸乃一声归去，对笔床茶灶，寄傲幽情。雨笠风蓑，古意谩说玄真。知鱼淡然自乐，钓清名，空在丝纶。笑未已，笑严陵，还笑渭滨。

《永乐大典》卷8544引《中兴江湖集》：叶嗣宗《贵游》：

五陵年少尽风流，十日安排一日游。
林下幽人差省事，笔床茶灶便登舟。

《文天祥集》卷二《借道冠有赋》：
病中萧散服黄冠，笑倒群儿指为弹。
秘监贺君曾道士，翰林苏子亦祠官。
酒壶钓具有时乐，茶灶笔床随处安。
幸有山阴深密处，他年炼就九还丹。

清代查为仁《莲坡诗话》：
徐电发（釚）属谢（彬）画《枫江渔父图》。渔洋题云："十载吴江狎钓丝，笔床茶具似天随。朝来宣赐莲池鲫，却忆鲈乡亭畔时。"

近代陈衍《石遗室诗话续编》卷五：
无锡沈晴庚，原名杰，后改日莹，字秋白，道光间人，……才思纷披，……《春游》云："才过清明上冢天，柳棉吹尽又桐棉。夹衣试体宜晴日，绣陌嬉春各少年。芳草绿参词客鬓，夕阳红上酒人船。笔床茶灶安排定，一展奚囊五色笺。"

窃以为，这些多半都是用典。真正的笔床、茶灶不一定有。如果去搜查，笔床说不定就是笔插甚至笔筒；茶灶未必是"红泥小火炉"，说不定是老虎灶上灌水的一把茶壶。想象与现实永远是脱钩的呀！

要说想象，小说家笔下的笔床茶灶，那就纯粹是想象的了。爱怎么编就怎么编。试举瞿佑《剪灯新话》卷四与李祯《剪灯馀话》卷三中各一则，以见一斑：

《龙堂灵会录》：

……陆处士遂离席而陈诗曰："生计萧条具一船，笔床茶灶共周旋。但笼甫里能言鸭，不钓襄江缩项鯿。鼓瑟吹笙传盛事，倒冠落佩预华筵。何须温峤燃犀照，已被旁人作话传。"

《幔亭遇仙录》：

杜僎成，巴丘之逸士，而寓居于建阳。赋性高迈，抗志林泉。畜一小舟，置笔床、茶灶、钓具、酒壶于其中，每夷犹于清溪九曲间，以为常。

这两段中下馀的事，请读者自行寻览罢。

有了这个典故以后，要当文人雅士，特别是当高级清客，这类道具是少不了的。当然，可使用代用品，那也得陈列上才是。要写在文章里，还是得正儿八经地写上"笔床""茶灶"（或"茶瓯""茶具"，甚至改成"砚匣""砚盒"）才算正工。

纪晓岚《阅微草堂笔记·卷七·如是我闻一》中有一则故事：

> 有游士借居万柳堂。夏日，湘帘棐几，列古砚七八，古玉器、铜器、磁器十许，古书册画卷又十许，笔床、水注、酒盏、茶瓯、纸扇、棕拂之类，皆极精致。壁上所粘，亦皆名士笔迹。焚香宴坐，琴声铿然，人望之若神仙。非高轩驷马，不能登其堂也。一日，有道士二人，相携游览，偶过所居，且行且言曰："前辈有及见杜工部者，形状殆如村翁。吾曩在汴京，见山谷、东坡，亦都似揩大风味。不及近日名流，有许多家事。"朱导江时偶同行，闻之怪讶，窃随其后。至车马丛杂处，红尘涨合，倏已不见，竟不知是鬼是仙。

纪晓岚老先生把高级清客的一整套道具全都列举出来了，这些就是勾引"高轩驷马"者的钓饵呀！

不但清客使用这些道具，连某些女性也用这一套：

清乾隆粉彩笔床

清代作者不详的《梵门绮语录三种》中"金陵茶庵文漪"条：

金陵为古帝王之都，六朝佳丽，馀迹长存。水软山温，花明柳暗。明代创设十三楼，一时章台之盛，冠于东南。粤匪之乱，遭劫最巨，盛时旧物，荡焉无存。数十年来，渐次规复。钓鱼巷娼寮林立，颇擅繁华。顾俗粉庸脂不足当雅人一盼。秦淮湖水之西，一小招提，红兰倒影，胜似画图。旁有庵舍一座，榜曰茶庵。梵呗声出户外，其细若蚕吟，抑扬隐约，知为闺阁中人修行处。扬声入其户，唪经之声戛然而止。一中年尼骞帘出，问客何来，口操吴语，意甚殷殷，且留坐焉。

佛堂三楹，中供大士像，长明灯烬，盛檀香蒸炉中，宝相装严，为之肃然起敬。坐定，互问邦族，通姓名，但言清禅其名，而文漪其字。年约三旬，貌清癯而身瘦削。徐娘丰韵，正好中年。体态苗条，风流自赏。长裙拂地，双钩微露，殊纤小，鞋以革制，宛然新式时世妆。尼帽尼衣，衣以纯黑漳绒为之，臂钏粲然，指环称是。举止之间，饶有华贵气象。青丝尽披剃，头脚判僧俗，殆谚所谓半路出家者。询其来历，嗫嚅不肯言。语次，小婢报茶熟，婢仍俗妆，亦颇清秀，时邀入内室坐，即其唪经处也。室中陈设精雅，顾器用皆舶来物，而笔床砚盒，位置楚楚，架上书籍数种，与经卷杂相度，牙签缥帙，修洁而整齐。余谓吾师固精通文翰者，曰："然，通则通矣，精则岂敢。然亦不让念书人双瞳炯炯也。"相与一笑而罢。所居之室，朱兰碧槛，绣幕珠帘，几净窗明，不染尘埃。室分内外两重，外室即所坐处，内室隔以绣阆，似非外人所可涉足。余数数属之目，文漪已会意，排阆请观，则见绡帐锦衾，备极华焕，一似名媛闺阁者。浏览一周，为之叹羡不置。啜茗毕，告辞归。后询诸人，知文漪盖某观察弃妾也。以犯淫故，勒令披剃为尼。其出家时，所携甚不赀，茶庵屋舍，其以己资特地建筑云。

这位的观察加分析太仔细了,皮里阳秋,入木三分。要引起注意的是:上引材料系自《香艳丛书》中检得。这套丛书有324种之多,差不多都是写女性的事的。其中只有一处将"笔床、茶灶"并提。别处写的多为"砚匣笔床""笔床砚滴",可见,晚清以至近代,有点文化与蓄积的女性,已不屑于亲自操持茶事了。至于雨笠烟蓑之事,则将女性排除在外。倒是讲西湖游船时提到:

> 湖中之舟,鳞鳞如鲫,易罝数百。其稍洁者,辄为有力人所据。半杂以市儿官役,又,否则高髻广额涂脂抹粉之媒母,见之欲呕。予尝论湖中舟居,大胜园居,既远尘嚣,亦鲜剥啄。当月则濯魄冰壶,当暑则披襟荷畔,当雨则泼墨欲狂,当晓则轻霞未散。沉湎濡首,领略方尽。然舟有二,其一红妆成队,士女堵立,玉箫象

笔船

管，一饮百钟，此豪士之快举也。其一则雅姬焚香，俊童捧钓，笔床茶灶，临流赋诗，此韵士之风流也。所好各异，用舫亦别。如随喜庵、水上园等，则宣雅士；水一方、临春楼等，则宜豪士。舍此二者，反不如扁舟一叶，晨夕夷犹于烟波间耳。何可同俗子日午登舟未暮即返哉？

（清代李鼎《西湖小史》"四舫"条）

其实呢，豪士与韵士，相去者一间耳。都不是"扁舟一叶，晨夕夷犹于烟波间耳"的人。

单说可容"雨笠烟蓑"的"一叶扁舟"罢，那也不是普通人置办得起的。明代著名的苏州文化家族文家，文徵明的曾孙文震亨所著《长物志》卷九"舟车"中，就有对此种江湖散人所乘的扁舟的详细说明，那是给有志于归隐的准隐士作策划呢。备引如下：

形如划船，底惟平，长可三丈有馀，头阔五尺，分为四仓：中仓可容宾主六人，置桌凳、笔床、酒枪、鼎彝、盆玩之属，以轻小为贵；前仓可容僮仆四人，置壶榼、茗炉、茶具之属，后仓隔之以板，傍容小弄，以便出入。中置一榻，一小几。小厨上以板承之，可置书卷、笔砚之属。榻下可置衣厢、虎子之属。幔以板，不以篷箬，两傍不用栏楯，以布绢作帐，用蔽东西日色，无日则高卷，卷以带，不以钩。

他如楼船、方舟诸式，皆俗。

估计唐代陆龟蒙等江南太湖一带隐士的"雨笠烟蓑"座船与此同类。可见，想做高级隐士得像陆龟蒙那样，有一定的资本。就是不乘船，入山，作终南高隐，也得有王维那样的别墅才行。不然，就得像夷齐饿死首阳山啦！

笔床茶灶早成典故，雨笠烟蓑实践甚难！

镜听·响卜·怀勺·打瓢（瓢卦）

镜听、响卜、怀勺、打瓢（瓢卦），都是对古代一种迷信占卜行为的不同称呼。但是其间也有轻微的差别。所谓"一棵树上没有两片叶子是完全相同的"，这个比喻似乎也可应用于此。就是同一个词语，在不同时代，经过不同身份的人使用，也会有大同小异之处。

唐代人有两篇《镜听词》，写得生动具体，先引来看看。

一篇是王建的《镜听词》，载于《全唐诗》卷二九八：

重重摩挲嫁时镜，夫婿远行凭镜听。
回身不遣别人知，人意丁宁镜神圣。
怀中收拾双锦带，恐畏街头见惊怪。

> 嗟嗟嚓嚓下堂阶，独自灶前来跪拜。
> 出门愿不闻悲哀，郎在任郎回未回。
> 月明地上人过尽，好语多同皆道来。
> 卷帷上床喜不定，与郎裁衣失翻正。
> 可中三日得相见，重绣锦囊磨镜面。

另一篇是李廓的《镜听词》，载于《全唐诗》卷四七九：

> 匣中取镜辞灶王，罗衣掩尽明月光。
> 昔时长著照颜色，今夜潜将听消息。
> 门前地黑人来稀，无人错道朝夕归。
> 更深弱体冷如铁，绣带菱花怀里热。
> 铜片铜片如有灵，愿得照见行人千里形。

这两首诗写的都是少妇"镜听"，暗卜夫婿何时归来的情形。它们生动具体地说明，镜听，得先到灶王处祈求，然后走出门去，窃听人们说话。听得最初听到的一言半语，猜测其中含意。这就是镜听了。

一般说来，古人是很相信这一套的。如《初刻拍案惊奇》卷十二《陶家翁大雨留宾，蒋震卿片言得妇》，一开头就说："诗曰，一饮一啄，莫非前定。一时戏语，终身话柄。话说人生万事，前数已定。尽有一时间偶然戏耍之事，取笑之话，后边照应将来，却像是个谶语响卜，一毫不差。乃知当他戏笑之时，暗中已有鬼神做主，非偶然也。"

少妇盼归人用镜听，此种做法似乎一直沿袭到清代。宋代以下，写"闺怨"的词中每有反映。试举数则：

宋代李壁的《浣溪沙（十六夜）》有"荆楚谁言镜听词"之句。

清代陈维崧《贺新郎（乙卯元日，十五用前韵）》有"镜听灶前占吉语"之句。

清代丁澎《遐方怨》有"镜听无凭相见难"之句。

限于篇幅，不再征引，请读者自行查阅可也。

据元代伊世珍《嫏嬛记》卷上引《贾子说林》：

镜听咒曰："并光类俪，终逢协吉。"先觅一古镜，锦囊盛之，独向灶神，勿令人见，双手捧镜，诵咒七遍出，听人言以定吉凶。又闭目信足走七步，开眼照镜，随其所照以合人言，无不验也。昔有女子卜行人，闻人言曰："树边两人，照见簪珥，数之得五。"因悟曰："树边两人非来字乎？五数，五日必来也。"至期果至。此法惟宜于妇女。

这里把镜听的两种方法大体上说明了。一种是：双手捧着锦囊中盛放的古镜,独对灶王念咒七遍,然后走出去窃听人言;另一种则是:念咒后闭眼信足走七步,睁眼随意用镜子照,照到听见有人说话为止。这也都是少妇卜归人的一种做法,比"暗掷金钱卜远人"要复杂些。我们注意到,厨房是古代妇女的领地,因而镜听要找灶王爷帮忙,也是就近的事了。附带说一句,初唐王度那篇著名的《古镜记》是把"古镜"说得神乎其神的,可以想见,那时的人似乎有对"古镜"的某种信仰。其实,现实中哪里去找那么多"古镜"去?前引唐诗也没有提出那种要求。看来,只要是自己使惯了的旧镜就好。因为它八成和主人已经"有点感情"啦!

《太平广记》卷四九八"苗耽"条(引《玉泉子》):

苗耽以进士及第,困居洛中有年矣,不堪其穷。或意为将来通塞,可以响卜。耽即命子侄扫洒厅事,设几焚香,束带秉笏,端坐以俟一言。所居穷僻,久之无闻。日晏,有货枯鱼者至焉。耽复专其志而谛听之。其家童连呼之,遂挈鱼以入。其实无一钱,良久方出。货者迟其出,因怒之矣。又见或微割其鱼,货者视之,因骂曰:"乞索儿终饿死尔,何滞我之如是耶!"初耽尝自外游归,途遇疾甚,不堪登降,忽见舁棺而过者,以其价贱,即僦而寝息其中。既至洛东门,阍者不知其中有人，洁其所由来，耽恐其讦己，徐答曰："衣冠道路得病，贫不能致他舆，相与无怪也！"阍者曰："吾守此三十年矣，未尝见有解语神枢。"后耽终江州刺史。

这一则似乎能说明，苗耽响卜不拘时间，也不前去灶王处祈祷，只是靴帽袍套披挂整齐，秉笏以待。无奈家里没钱，还想占小便宜，结果是被人骂了几句，大为扫兴。可是，似乎这次响卜并不准，后来苗耽还是当江州刺史去了。

《唐摭言》卷八有"听响卜"条，记两事：

毕諴相公及第年，与一二同人听响卜。夜艾人稀，久无所闻；俄遇人投骨于地，群犬争趋；又一人曰："后来者必衔得。"

韦甄及第年，事势固万全矣；然未知名第高下，志在鼎甲，未免挠怀。俄听于光德里南街，忽睹一人，叩一板门甚急。良久轧然门开，呼曰："十三官尊体万福。"既而甄果是第十三人矣。

此则说明，男士听响卜，目的是问前程，而且常集中在问科举是否上榜。如北宋朱弁《曲洧旧闻》卷九，则有如下记录：

《王建集》有《镜听词》,谓怀镜于通衢间,听往来之言以占休咎,近世人怀勺(怀勺今谓之打瓢)以听,亦犹是也。又有无所怀而直以耳听之者,谓之响卜,盖以有心听无心耳,然往往而验。曾叔夏尚书应举时,方待省榜,元夕与友生偕出听响卜。至御街,有士人徐步大言,诵苏东坡《谢表》曰:"弹冠结绶,共欣千载之逢。"曾闻之喜,遂疾行,其友生后至,则闻曰:"掩面向隅,不忍一夫之泣。"是岁,曾登科而友生果被黜。

这则记录,在我们看来颇为重要,因为它明确地说明:

一、北宋用此法时,有人怀里揣的不是铜镜,而是厨房中习用的"勺"(常为木制带柄,按用途区分,则有水勺、饭勺等,元代剧曲中常说的"马勺"就是此类用品),其中有的勺就是水缸等处常用的"瓢"(由葫芦剖半做成,可漂浮在水缸中)。此种做法,特称为"怀勺"或"打瓢"(瓢卦)。这似乎是怀镜法的简化。因为铜镜比较贵重,再加上锦囊包裹,绣带捆扎,相当费时费事。贫家妇女干脆就以怀揣勺子或瓢来替代了。这还暗中点出,怀勺,绝对是妇女干的事。

二、更有什么都不揣的,干脆光用耳朵听就是了。这似乎是男人干的事。时间在过春节期间的晚上。暗中点明,无论男女,不管采取何种方式,均以听到的第一句话为准。苏轼的《谢表》,就是那著名的《谢量移汝州表》,当时会背诵其中名句的人想必不少。曾叔夏知道下一句丧气,赶紧跑开,让那位"友生"听去了。

明代顾元庆《檐曝偶谈》直率地判定:"有无所怀,直以耳听之者,谓之响卜。盖以有心听无心耳,往往皆验。"可是,略晚一些的清代褚人获在《坚瓠集》中却说:"今听谶者,祷于灶神,以勺投釜中,随勺柄所向,执镜而往,谓之'响卜'。即'镜听'也。"这似乎是把镜听法和响卜法结合起来使用。清代顾禄《清嘉录》卷十二,即专讲春节的一卷中,支持了褚氏的说法:"或有祷灶请方(按:请求指示方向),抱镜出门,听市人无意之言,以卜来岁休咎者,谓之'听响卜'。"拙见是,这是玻璃镜特别是小型玻璃镜在明清时期流行的反映。铜镜究竟贵重、沉重,故而只能在妇女们极为认真虔诚时使用,一般地说,特别是男士,也就常常把怀揣这一步免了。及至玻璃镜流行,有的男士也学会用小型玻璃镜,镜听和响卜、勺卦、瓢卦、打瓢的方法,特别是镜听前用勺或瓢先行卜方向的方法,有时也就结合起来使用了。

至于干这种事情的时间,妇女卜远人,唐代以下,可能是随时随地。男子镜听,多半是卜前途,特别是卜科举和官宦前程，有时就在科举放榜或官职未定前。但是，后期好像多集中于春节期间。按：春节时为图个吉利，人们往往有意多说好听的，这也是镜听逐渐集中到春节期间的一种潜在原因吧。

近代徐珂纂辑之《清稗类钞·迷信类》有"镜听"条：

> 镜听不必学而能，非方伎也。古人之为之者，每于除夕或新岁，先事洒扫，置香、灯于灶门，注水满铛，置勺于水，虔礼拜祝。拨勺使旋，随柄所指之方，抱镜出门，密听人言，第一句即是卜者之兆。今则惟于除夕出门，在道路中听人之言以决休咎而已。

《清稗类钞》中另录有"灶卦"一则：

> 广东永安县除夕守岁，妇人祝灶，置盐米于灶上，以碗覆之，视盐米之聚散，卜年岁之丰歉。男子则置水一碗

清代人作《聊斋志异》中"镜听"一则插图。

于锅旁，粘东、西、南、北字，中浮小木，祝灶者视木端所向，听其有何声响以占休咎，名曰"灶卦"，亦古人镜听之类也。

头一条说明，镜听之事，到了清季，其行事已经由复杂到简单化，而且集中到春节期间，特别是除夕晚上进行了。古人还是很相信这一套的。第二条就记录了广东地区对"镜听"的一种发展了的做法，特点是，一是由男人来干；二是卜的是来年家族体咎，所以要由"男性户主"来办了，而且特称为"灶卦"。这似乎是一种地方性特例，但是，也有女性遵守镜听的老传统的，如民国时期梁仲仙的《续羊城竹枝词》中有云："小除送灶上西天，大除家宴号团年。为听乡音占心事。借嫂嫁时龙镜圆。"

下面，试举笔记小说中的几项记录，以资谈助：

《聊斋志异》卷十四有"镜听"一则：

益都郑氏兄弟，皆文学士。大郑早知名，父母尝过爱之，又因子并及其妇；二郑落拓，不甚为父母所欢，遂恶次妇，至不齿礼。冷暖相形，颇存芥蒂。次妇每谓二郑："等男子耳，何遂不能为妻子争气？"遂摈弗与同宿。于是二郑感愤，勤心锐思，亦遂知名。父母稍稍优顾之，然终杀于兄。次妇望夫慕切，是岁大比，窃于除夜以镜听卜。有二人初起,相推为戏,云:"汝也凉凉去!"妇归,凶吉不可解,亦置之。闱后,兄弟皆归。时暑气犹盛,两妇在厨下炊饭饷耕,其热正苦。忽有报骑登门,报大郑捷,母入厨唤大妇曰:"大男中式矣!汝可凉凉去。"次妇怆恻,泣且炊。俄又有报二郑捷者,次妇力掷饼杖而起,曰:"侬也凉凉去!"此时中情所激,不觉出之于口;既而思之,始知镜听之验也。

清代梁绍壬《两般秋雨庵随笔》卷一有"镜听"条,载两事:

大司寇乾学,昆季三人,未第时,除夕相约镜听。乃翁侦知之,先走匿门外,俟三子之出,揖而前曰:"恭喜弟兄三鼎甲。"三子知翁之戏己也,不顾而走。则有二醉人连臂而来,甲拍乙之肩而言曰:"痴儿子,你老子的话是不错的。"盖以俳语相戏也。已而果应其言。

又,钱塘黄文僖公机,未遇时镜听,闻二妇人相语曰:"家有二鸡,明日敬神,宰白鸡乎,宰黄鸡乎?"其一曰:"宰黄鸡可也。""鸡""机"同音,遂以为谶。

清代李渔《蜃中楼》演男士响卜婚姻事，十分生动有趣。就从第二出"耳卜"摘录：

（小生）】刘阮去，分头问津，〔定觅个〕天台二女结仙邻。

〔（丑）二位相公，此时更已深了，人也静了，要听响卜也该出门去了。（生）我们去罢。（同行介）〕

【解三瓯】〔（合）【解三酲】〕祭东厨香烟初烬，绕南街松火如磷，残星几点寒生晕。听玉漏，夜将分，烧残爆竹千门寂，换罢桃符万户新。〔（丑）一路行来，不见一些响动，想是人家都睡了。只有这个小户人家，还有灯在里面，不免在门缝里张他一张。（张介）原来与相公们一般，也是个光棍汉子，坐在里面吃酒，面前摆着一盘鱼，自斟自酌，再不见他做声。（生）我们等一等，他少不得有句说话，讲将出来。（听介）【东瓯令】〕多应此处有声闻，洗耳听云云。

〔（内高声唱介）〕

【挂枝儿】锦鳞儿一对对风流可怪，（你在那）海当中曾约定两下里和谐。被一个狠心人割断（你的）恩和爱。（他把）柳叶儿穿将至，（我把）银锅儿煮出来。（看你）两口儿的姻缘，也离不的湖与海！

〔（小生低声介）是了，我们回去罢。大家记了这只曲子，回到家中慢慢的详解就是。奚奴，你也帮我们记一记。（三人轮唱前曲，唱完到介）（生）这曲子里面的话，虽然说的是鱼，却句句合着婚姻之事。只有几句不详的话夹在中间，教人心上疑虑。（小生）但凡占卜之事，拘不得许多，须要断章取义，只取他后面两句罢了。他说两口儿的婚姻，离不得湖与海。我们起先说过，我要到湖州去，你要到海上去，或者此番出门，都有些奇遇也不可知？（生笑介）详得有理。

〔【阮二郎】〔【阮郎归】合〕天心巧，神机迅，与两家私语，凑合无痕。〔想此行呵〕，定有红鸾佳信，〔多应在〕海上湖边谐秦晋。归此地互羡良姻，方信道天机非急。〔那水边原是个好去处。〕【贺新郎】念水天应与仙源近，通洛浦，合湘滨。

〔（丑）夜深了，请二位相公各自归房去睡罢。

下面可接看第九出"姻阻"：

（丑）去年的响卜，倒应了一句。（生）去年的响卜是怎么样的？我们倒忘了。（丑）我倒记得烂熟，一个字也不曾忘记。（小生）这等，你念一念看。（丑唱前曲介）他说你在海当中，曾约定两下里和谐。那个女子在海中，许你结亲，岂不应了这一句。（生笑介）他倒有些悟性，是这句验了。（小生）既然前边验了，后面决无不验之理。或者果然有些缘法，也不可知。（生）这等，他约我们八月十五去讨回音，还是去不去？（小生）做几日工夫不着，就去试一试，也不差什么。（生）这等，大家紧记在心，不可到临时忘了。]

再引一段小说，《于少保萃忠全传》第二卷第五传中所载：

于公吟毕，仍到馆中与朋友会文、讲论经史。

将及年终，回家来。一路与吴大器同行，各将衷曲细谈。于公曰："明秋正当大比之年，不知我得中否？"吴大器曰："兄之英才广学，何愁事业不成，功名不就？明秋决中高魁无疑矣。兄如有疑，可晓得听'倩语'之事乎？"公问曰："何谓'倩语'？"大器曰："'倩语'者，乃听他人之言语，以决一生之穷通。书上谓之'响卜'，又谓之'谶语'，即此意也。"于公猛省曰："妙，妙，待我试为之。"遂与大器分路各自归家。

延至第三日,乃是腊月二十四日之夜,公乃依法至二更时分,暗地潜行,出门而去。行不半里之程,至一家门首,听得一小儿讨豆吃,一妇人回言:"你去问外婆讨就有了。"于公闻言,即住脚暗想曰:"此分明叫吾去问外婆讨'谶语'之兆。"乃即忙回家安歇一宵。

明早起来,细思曰:"吾外婆平日素不喜我,我去讨'谶语',必无好言。"乃挨至午后,一径来到外婆家来。相见外婆礼毕,便曰:"外甥向在富阳山中看书,不曾探望外婆。乞恕罪。"外婆曰:"你读书正理,日后好做尚书阁老。"于公闻言心中甚喜。外婆遂留公饮酒。外婆家中有两个小厮斟酒,伏侍甚是殷勤,把大杯连敬公三四十杯。公不觉大醉,就喊叫曰:"好两个小厮!吾日后做到尚书阁老时,我一人赏你一个官做。"这外婆见公酒醉狂言,便说道:"尚书阁老有你分,只是恐朝廷要砍你这托天说大话的人。"于公忽闻外婆说出此言,心中大惊,不觉酒气潜消,即辞外婆回来。一路思量曰:"吾日后虽然贵显,恐不能得善终。"既而叹曰:"吾若得尽忠报国,死何足惧哉!"急急回家。

关于于谦的类似故事，也见于清代赵吉士《寄园寄所寄》卷五的"灭烛寄"：

> 天顺复辟前一夕，肃愍（按：于谦谥号）独坐，忽闻有声如雨洒然，视屏上皆血点，心恶之，拜祝祠前，神主俱倒，明发入朝遇害。肃愍总角时，随诸生告考，巡按令隶逐之去，众奔散，或踩践几死，肃愍独不去，巡按问曰："汝何不去？"肃愍曰："若皆去了，天下大事谁当？"巡按奇之，收入试，后发解时，尝听响卜，有人曰："中举中进士，做到尚书也要杀。"又有术士曰："于谦望刀眼。"后皆验。

引文太多，自觉倒也能说明问题。可是，文章显得拖沓了，不免告一段落罢。为了也讨个吉利，引《夷坚志》中"支景"卷十的一则为殿："括苍何湛（叔存），清源王曾孙也。淳熙丁未赴省试，馆于三桥旅邸。揭榜之夕，遣仆探候，久而不至。有忧色，因率同辈登桥听响卜。驻足来定，闻河畔妇人叫呼曰：'婆惜！你得，你得！'盖吴人愠怒欲行打骂之词；俗谓之'受记'，非吉兆也。湛独喜，亟还，曰：'可贺我矣！'同辈曰：'叔存作意听响卜，而连四"得字"，夫复何疑！'湛曰：'不特此也，吾小名正为婆惜。'众皆喜，方买酒欲饮而仆归报，果中前列。"

竹夫人与汤婆子

一

"竹夫人"为供夏季纳凉用,"汤婆子"供冬季取暖用,同属于床上用品。现代都市家庭中早已不用,当代青年可能见都没见过。前几天看电视节目,看见浙江省某市的民俗博物馆中展出竹夫人,不由得慨叹,我们七老八十的人几十年前使用的东西,竟然成了文物啦!

先从竹夫人说起。

《红楼梦》第二十二回中,薛宝钗作了一首灯谜:

有眼无珠腹内空,荷花出水喜相逢。

梧桐叶落分离别,恩爱夫妻不到冬。

(见于程乙本,人民文学出版社排印本据之。脂砚斋本无之。蒙刘世德学长赐知,在此深表感谢!)

谜底,大多数人认为是"竹夫人"。此谜对竹夫人的形象、用途及使用季节作了清楚的说明。清代赵翼《陔馀丛考》卷三十三"竹夫人汤婆子"条:

编竹为筒,空其中而穷其外,暑时置床席间,可以憩手足。取其轻凉也。俗谓之"竹夫人"。按,陆龟蒙有"竹夹膝"诗,《天禄识馀》以为即此器也。然曰"夹膝",则尚未有"夫人"之称,其名盖起于宋时。东坡诗云:"留我同行木上座,赠君无语竹夫人。"又:"闻道床头惟竹几,夫人应不解'卿卿'。"自注云:"世以竹几为'竹夫人'也。"又,黄涪翁云:"赵子充示'竹夫人'诗,盖凉寝竹器,憩臂休膝,似非夫人之职。予为名曰'青奴'。"陆放翁亦有诗云:"宝床新聘竹夫人。"罗大经《鹤林玉露》(化文按,在其"甲编"卷之四中,条目名为"竹夫人制")亦载:李公甫谒真西山,丐题。西山指"竹夫人"为题,曰:"蕲春县君祝氏,可封卫国夫人。"公甫援笔立就,有云:"保抱携持，朕不忘五夜之寝；辗转反侧，尔尚形四方之风。"西山击节。又，今人用铜锡器盛汤，置衾中暖脚，谓之"汤婆子"，或以对"竹夫人"。按，此名虽不经见，然东坡有致杨君素劄云："送暖脚铜缶一枚，每夜热汤注满，塞其口，仍以布单裹之，可以达旦不冷。"然则此物亦起于宋，其名当亦已有之。按，范石湖有"脚婆"诗，则是时并有"脚婆"之称也。

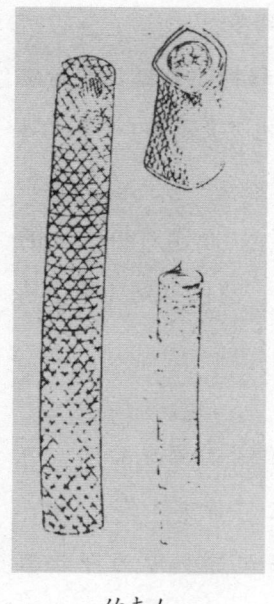

竹夫人

此则，已经把竹夫人和汤婆子的事讲得够清楚的了。竹夫人是夏季供人搂着睡觉的一种"取凉"工具。估计在宋代时已盛行于我国南方地区。前面已提到，最近看电视，见有一部专题片，讲浙江某地建一座与"性文化"有关的博物馆，搜集了一些竹夫人，认为能引起男士对房事的联想或兴致，其实女性和小孩儿也抱它（儿童抱小型的）。

至于上面连带提到的汤婆子，则是冬季藏在被窝里取暖用的。20世纪时流行橡胶暖水袋，汤婆子在许多地方为其取代。当代，特别是住在城市里的人，有空调和电暖器，有的年青人已不知此二者为何物了。

可是，即如宋代，因为在南宋管辖地区竹夫人很流行，以致遇见江浙一带一般人见不着的器物，往往就拿竹夫人来作模拟性说明。如宋代孟珙《蒙鞑备录》用竹夫人来说明南方人很难看到的北方蒙古族妇女戴的"顾姑冠"：

> 其俗出师不以贵贱，多带妻孥而行，自云用以管行李、衣服、钱物之类。其妇女专管张立毡帐，收御鞍马辎重、车驮等物事，极能走马。所衣如中国道服之类。凡诸酋之妻，则有顾姑冠，用铁丝结成，形如竹夫人，长三尺许，用红青锦绣或珠金饰之其上。

宋代康与之《昨梦录》谈到治河用的"卷埽"：

> 取长藤为络，若今之竹夫人状，其长大则数百倍也。实以刍藁土石，大小不等。每量水之高下而用之。

清代方浚师《蕉轩录》卷五"竹夫人"条则有明确说明：

> 编竹如圆枕，空其中，长三四尺，夏月抱以卧，可以清暑，名之曰"竹夫人"。东坡诗："留我同行木上

座,赠君无语竹夫人。"是送竹几与谢秀才。俗呼竹几亦曰"竹夫人"也。

清代顾禄《桐桥倚棹录》卷十一"竹夫人"条说:

亦虎丘人为之。有藤、竹两种。

第一句只是说苏州地区制售竹夫人者集中在虎丘,不是说别的地区(如浙江)不制售。第二句说竹夫人有藤、竹两种,相当重要,说明还有"藤夫人"呢!这倒是少见记载的。顾禄还引董大伦的"《竹夫人》词"八首,现仅录其前二首,其他请读者自己去翻阅罢:

彼美其谁似此君,相偎竹肉竟难分。
终宵抱梦西帘下,犹作潇湘一段云。

玲珑骨相自天然,好向圆通证昔缘。
应是前身琐子骨,要人参透老婆禅。

第一首中,潇湘、云雨是尽人皆知的两则老典故合用。第二首则用的是唐代李复言《续玄怪录》中"延州妇人"一则故事。说的都与"性事"有关,也难怪那所博物馆要往那种地方去联想啦。其实，也就只能抱着解热，干别的不行，所以有的文章就说竹夫人是有节操的了。

现知最早有关竹夫人的资料，是唐代陆龟蒙（字鲁望）和皮日休（字袭美）的各一首诗。

陆龟蒙的诗是《以竹夹膝寄赠袭美》（《全唐诗》六二五）：

> 截得筼筜冷似龙，翠光横在暑天中。
> 堪临薤簟闲凭月，好向松窗卧跂风。
> 持赠敢齐青玉案，醉吟偏称碧荷筒。
> 添君雅具教多著，为著西斋谱一通。

皮日休的诗是《鲁望以竹夹膝见寄因次韵酬谢》（《全唐诗》六一四）：

> 圆于玉柱滑于龙，来自衡阳彩翠中。
> 拂润恐飞清夏雨，叩虚疑贮碧湘风。
> 大胜书客裁成束，颇赛溪翁截作筒。
> 从此角巾因尔戴，俗人相访若为通。

可以推论出，竹夫人大约在唐代已经有了，当时的通行称呼是"竹夹膝"。清代魏崧所编类书《壹是纪始》卷十一，就据此而称"竹夫人始于唐"。

可是，"竹夫人"之称正式成立并迅速传播，八成出于前引苏轼的诗。必须注意的是，苏轼是把"竹几"称作竹夫人的。拙见以为，竹几的形制屡见于古代记载，如明代王圻父子所编《三才图会》的"器用二卷·古器类"中，就有"几"的图像，它是一种放在席上或矮榻上供斜靠的器物，想来如果独居没有外人，把一条腿斜跨在上面歇歇也行。所以，《三才图会》特别注明："凡所以安身。故加诸老者，而少者不及焉。"它是在由席坐改椅坐过程中逐渐被淘汰的，同为明代人文震亨所编的《长物志》，所载已经是明代常用器物，"几"已变高变长，成为高几，两者很不相同了。苏轼所说的竹几，看来就是这种榻上用的矮几。它不是竹夹膝。单从词义上就可见出，竹夹膝是夹在两膝中间的，竹几却是供人倚靠的。可是传来传去传错了，大家就把竹夹膝作为竹夫人了。如前引所见，黄庭坚委婉地对苏轼"竹几"的说法表示不赞成，把真正的竹夹膝命名为"青奴"，又作"竹奴"。"青奴"之称在宋代颇为流行，诗词中屡见。可是，再往后提到竹夹膝的，却是以称作"竹夫人"者为多。拙见是，苏东坡的名气大，后人谈到竹夫人，一般爱从他那儿开始。可是，大家却忘记了去考查一下：苏轼说的竹夫人可不是竹夹膝，而是竹几！

中国人是热爱对偶的，诗文中提到竹夫人的时候，往往给竹夫人找一个对立面，在诗文中形成对偶、苏轼自己用的是"木上座"（僧人用的手杖），不够浪漫，后人作对时就找出"汤婆子"来，恰好形成对比。

二

汤婆子是一种金属（常用铜、锡）或瓷器做成的扁壶状器物，注入热水，塞好塞子，外面包上几层布（以防烫伤并防止热度迅速降低），冬季放在被褥内取暖。一般说来，不宜放的时间过长。

元代佚名《东南纪闻》卷三中"锡夫人"条："锡夫人者，俚语谓之脚婆。鞴锡为器，贮汤其间。霜天雪夜，置之衾席，用以暖足。因目为汤婆。"

清代厉荃《事物异名录》卷十九："锡奴，温足瓶也。俗名汤婆子。"

如前所引，宋代人对汤婆子的俗称是"脚婆"。可是，《壹是纪始》卷十一也提到"暖足瓶始于唐"，并发挥说："唐杜甫有《咏铜瓶》诗：'侧想美人意，应悲寒甃沉。'此即暖足瓶也。宋黄庭坚有《戏咏暖足瓶》诗：'千钱买脚婆，夜夜睡天明。天明更倾泻，盥手有馀温。'一名'汤婆子'，一名'汤媪'。东坡《致杨君素札》云：'送暖脚铜缶一枚。'"把这种器物的种种别名列出。我们要说的是：杜甫的《铜瓶》诗（《杜诗详注》卷八）咏的是汲水铜瓶，形制较为细长，与暖足瓶大不相同，无法互相替代。

应该说明，黄庭坚很爱惜用水，天明时还用剩水洗脸洗手，少爷小姐，甚至于一般的人，都不是这样用法。试举三种小说中使用汤婆子的描述为例：

《金瓶梅》第六十七回：

西门庆令他解衣带，如意儿就知他在这房里歇。连忙收拾床铺，用汤婆熨的被窝暖洞洞的，打铺睡下。

《红楼梦》第五十一回：

宝玉看着晴雯麝月二人打点妥当，送去之后，晴雯麝月皆卸罢残妆，脱换过裙袄。晴雯只在熏笼上围坐。麝月笑道："你今儿别装小姐了，我劝你也动一动儿"晴雯道："等你们都去尽了，我再动不迟。有你们一日，我且受用一日。"麝月笑道："好姐姐，我铺床。你把那穿衣镜的套子放下来，上头的划子划上，你的身量比我高些。"说着，便去与宝玉铺床。晴雯嗐了一声，笑道："人家才坐暖和了，你就来闹。"此时宝玉正坐着纳闷，想袭人之母不知是死是活，忽听见晴雯如此说，便自己起身出去，放下镜套，划上消息，进来笑道："你们暖和罢，都完了。"晴雯笑道："终久暖和不成的，我又想起来，汤婆子还没拿来呢。"麝月道："这难为你想着！他素日又不要汤婆子，咱们那熏笼上暖和，比不得那屋里炕冷，今儿可以不用。"宝玉笑道："这个话，你们两个都在那上头睡了，我这外边没个人，我怪怕的，一夜也睡不着。"晴雯道："我是在这里。麝月往他外边睡去。"说话之间，天已二更，麝月早已放下簾幔，移灯炷香，伏侍宝玉卧下，二人方睡。

清季邹弢《海上尘天影》第十九四，讲丫鬟服侍小姐用汤婆子的情况，更为清楚。摘录如下：

原来双琼听了明珠一番恳挚的话，面上虽说不出，心中十分感激，今借喝汤一节，以表爱婢之心，明珠岂有不知的？约到起更以后，果然去装了一个铜点雕花书景汤婆子来，同双琼压在被里，服侍双琼睡了，替他下了帐幔，说道："姑娘，你且暖暖，停一回我来取出来。"双琼睡后，万虑钻心，不能成寐。明珠做完了鞋儿，上好了底，来取汤婆子。双琼方才睡去。

这是为了防睡熟后不留神烫伤，或者水溢出来弄潮被褥。也因为汤婆子越来越凉，到最后还得靠被褥来保持它的热度啦！黄庭坚在清晨用的汤婆子里的热水，八成还是靠被褥温暖之力保持住的呢！

三

竹夫人因为有了"夫人"的封号，地位较尊。文人据以生发，巧用双关等修辞手法，创作出一些文绉绉的游戏文字来。

宋代罗大经《鹤林玉露》甲编卷之四"竹夫人制"条，全文为：

> 李公甫谒真西山，丐词科文字。西山留之小饮书房，指"竹夫人"为题："蕲春县君祝氏，可封卫国夫人。"公甫授笔立成，末联云："於戏！保抱携持，朕不忘两夜之寝；辗转反侧，尔尚形四方之风。"西山击节。盖八字用《诗》《书》全语，皆妇人事；而形四方之风，又见竹夫人玲珑之意。其中颂德云："常居大厦之间，多为凉德之助。剖心析肝，陈数条之风刺，自顶至踵，无一节之瑕疵。"

明代《杨维桢集》卷二十八有《竹夫人传》：

夫人竹氏，名茹，字玲珑，自号抱节君。其先为孤竹君之子，曰智，谏武王伐纣不听，遂不食周粟，饿于首阳山，且死，召其族告曰："吾不食死。百世后，当有不食饮者为吾女氏，以救世之浊热，然未尝如锁子妇之骖其节也。"越若干世，为宋之元年，果生夫人，夫人生而瘠如箧器，成将作匠之罗织，巧慧其中，玲珑空洞无他肠，又善滑稽圆转，虽与人狎，其情邈然如木偶氏，诮夫人者无蓥斯分，而善之者则无内荒长舌之祸也。尝见聘赵氏子充家奴畜之，豫章黄太史庭坚闻其人，作诗雪之，以为憩臂体膝辱夫人，而况又奴之乎？夫人亦犯而不校，夫人自以家世素清节，终耻屈身于人，铅华丝锦弗之御，虽荆钗棘簪之微，一皆弃斥。由王后嫔妃、下至公卿百执事，无不器重之，召亦无不往，然所在抱节终身，未尝少污其洁。先是得长生久视术于羿娥氏，用能辟谷导引，以应鼻祖氏之言，其踪迹诡秘，当炎而出，方秋即遁去，人或谓尸解，不知其终。史氏曰：庄周称姑射山有神人，肌肤若冰雪，绰约若处子，夫人岂其流亚欤？

清代陆以湉《冷庐杂识》卷八有"竹夫人"条，摘录如下：

> 保抱携持，朕不忘五夜之宠；辗转反侧，尔尚形四方之风，宋李公甫所作《竹夫人封词》也，工妙鲜匹。朱瓣香同年又仿《毛颖》《革华》之例，作《倚玉山房夫人鲍灵拢传》，有云："夫人撰有《抱青集》，其《子夜歌》云：'感郎绸缪意，许侬情久长。郎意虽云热，侬心只自凉。''肯以雨露浓，而忘抱冰雪。郎自竭郎欢，侬自尽侬节。''兰蕙有幽馨，桃李多艳姿。阿侬无他好，虚心足郎师。'寓意深婉，得风人旨。"

四

中国俗文学作品有一个古老的传统，即使用相反相成的一组（主要人物通常为两个）人物或拟人化人物，并列不分主次，编成一台"戏"。今所知早期俗文学作品的"俗赋"，即连云港市尹湾1993年出土的简牍本西汉《神乌传（赋）》，就是现知最早的样品。敦煌遗书中《燕子赋》《茶酒论》亦为中古文学中代表作。明清时，此类作品更多。竹夫人与汤婆子正好形成一组，时间上互为代序，关系上互为第三者，实为最优秀的组合。明清民歌小调中描写这二位的作品不少。举例如下：

竹夫人

竹夫人原系从凉妇，骨格清，玲珑巧，（我是）有节湘奴，幸终宵搂抱着同眠同卧，（只为）西风生嫉妒，（因此）冷落把奴疏，别恋了心热（的）汤婆子，（教我）尘埋（受）半载（的）苦。〔分明是竹夫人醋汤婆语，汤婆独无言乎，余为代一篇云。汤婆子本是个耐岁寒（的）悄性，一谜里热心肠和你温存，绣帏中锦被里多曾帮衬，（亏我）伴过了三冬冷，（你又）别娶了竹夫人，你两个贴肉（的）相亲也，（就放我在）脚跟头，（你也）还不肯。

家有二醋，主人苦矣，余再以一篇解之云，竹夫人，（你是）伶俐的，（休为）汤婆闷；汤婆子，（你是）老成的，（也莫怪）竹夫人。你两人各自去行时运，冷时节（便用）汤婆子，热时节（便是）竹夫人，（我与你）派定休争也，（各自）耐着心儿等。〕

又

俏冤家，错认那竹夫人有趣，竟不知这东西却是虚的，哄情人搂抱在怀儿里睡，他心儿里有两个，走滚无定期，热处和你温存也，冷处（就）抛撇你。

明清时期流行的《山歌》《挂枝儿》等作品集里，有关竹夫人和汤婆子的对歌尚多，请读者自行寻览吧。

闲谈"卦影"

一

"卦影"是主要流行于宋代的一种占卜打卦方式。有谁为自己的前途算命打卦,有一类"鬻卦影者"就给他画一张画,画中暗藏玄机,预示未来。这张画就是"卦影"。卦影内涵与操作方法等特称"轨革术",讲解轨革术的书就称作"轨革"。据说,"轨革"是由三国时代著名的占卜预言家管辂那里传下来的。因此,要给卦影下一个定义,可以说:它是根据轨革术绘出的暗示人物命运前途的一种画图。

有关轨革术的书,据书目记录,宋元时期见知者约十几种。

《通志·艺文略·六》载有：

《轨革入式例》，一卷。
《轨革歌象》，一卷。
《周易轨革指迷照胆诀》，一卷（蒲乾贯撰）。
《轨革六候诗》，一卷。
《轨革源命歌》，一卷。
《轨革易赞》，一卷。
《周易轨限算》，一卷。
《轨革心鉴内观》，六卷。
《轨革时影》，一卷。
《轨限立成历》，一卷。
《轨革金庭玉鉴经》，一卷。
《历数纬文轨算》，三卷。
——右"易·轨革"，一十二部，一十九卷。

《宋史》卷二百六"五行类"著录有"轨革"专名词者三种：

《轨革秘宝》一卷
《轨革指迷照胆诀》一卷
《轨革照胆诀》一卷

另，著录在"着龟类"中者一种：

《轨革传道录》一卷

这些书里讲的是什么，在下没有看过，尚祈方家明教。但是，可以看出，这些书都是宋元时期的著作，此后，会干这手的，或说懂这一套的，越来越少了。这类书也接近失传了。《文渊阁书目》中就有如下记载："《壬课轨革式》一部一册，阙。"据说，明代曾汇编过一大套阴阳五行术数类丛书，里面就包含有轨革术，可是笔者至今尚未见过。

二

以轨革、卦影著称于北宋，并留下传记类型的记录的，是被奉为这一行祖师爷的成都人费孝先。他与苏东坡（1037—1101年）同时。

《东坡志林》卷三"费孝先卦影"条：

至和二年（按：1065年），成都人有费孝先者始来眉山,云:近游青城山,访老人村,坏其一竹床。孝先谢不敏,且欲偿其直。老人笑曰:"子视其下字云:此床以某年月日某造,至某年月日为费孝先所坏。成坏自有数,子何以偿为!"孝先知其异,乃留师事之,老人授以《易》"轨革""卦影"之术,前此未知有此学者。后五六年,孝先以致富。今死矣,然四方治其学者,所在而有,皆自托于孝先,真伪不可知也。

至于费孝先所作卦影的灵验,也有一些记录,约举两条如下。

宋代魏泰《东轩笔录》卷十一:

唐坰知谏院,成都人费孝先为作卦影,画一人衣金紫,持弓箭,射落一鸡。语人曰:"持弓者我也,王丞相生于辛酉,即鸡也,必因我射而去位,则我亦从而贵矣。"翌日,抗疏以弹荆公,又乞留班,颇喧于殿陛。上怒,降坰为太常寺太祝、监广州军资库,以是年八月被责,坰叹曰:"射落之鸡乃我也。"

李璋尝令费孝先作卦影,画双凤立于双剑上,又画一凤据厅所,又画一凤于城门,又画一凤立重屋上。其末画一人,紫绶,偃卧,四孝服卧于傍。及璋死,其事皆验:剑上双凤者,璋为凤宁军节度使也;厅所者,尝知凤翔府；末年谪官郢州，召还，卒于襄州凤台驿，襄州有凤林阙也。初两子侍行，璋既病久，复有二子解官省疾，至襄之次日，璋薨，四子缞服之应也。（《墨客挥犀》卷六录此事，作"五子"）

宋代曾慥《类说》卷二四"费孝先范围"条：

费孝先，成都人。取人生年月日时成卦，谓之"范围"。复有卦影，所画皆唐衣冠，禄位亦唐官次，岂非唐之精象者之为欤？

按，此条至少说明两点：一是，费孝先主要是以近于近代的"批八字"方式来为人卜筮的，他称此种做法为"范围"。今尚有此种书留存，知交杜泽逊教授《四库存目标注》第1694页著录《范围数》，且有详尽说明，请有兴趣的读者自行寻觅，不赘述。附言：笔者也没有看过。二是，费孝先画的可是唐代衣冠。这就引出了下一条：

元代元怀《拊掌录》：

熙宁间（按：1072年前后），蜀中日者费孝先，筮易以丹青寓吉凶，谓之卦影。其后转相祖述，画人物不常，鸟或四足，兽或两翼，人或儒冠而僧衣，故为怪以

见象。米芾好怪,常戴俗帽,衣深衣,而蹑朝靴,钳缘
缬,朋从目为"活卦影"。

三

借了小说家之力,比费孝先名气更大的,就是"杨抽马"。他也是四川人。可见,自严君平卖卜成都市上以来,占卜家辈出于此。杨抽马大名杨望才,字希吕。笔者怀疑,这也未必是他的本名,因为,"望才""希吕"是希望能成为吕望那样的人才,而姜太公是会占卜与法术的。更直接地,恐怕是希望企及唐代的吕才(600—650年)。吕才是"受命删定阴阳家书,诏颁天下"的卜筮界尊崇的先辈。"杨抽马"是绰号,乃"抽检禄马"之简称,意为占算星命吉凶。最早为他写传的是洪迈,见于洪氏所著《夷坚志·丙志》卷三"杨抽马"条。文字相当长。后来,《二刻拍案惊奇》卷三十三将这篇改写成白话文,就更长了。题目是"杨抽马甘请杖 富家郎浪受惊"。这文言、白话的两篇,建议读者自行对照着阅读吧。还是抄录《夷坚志·三志·壬卷》中卷三"杨抽马卦影"一条的起首,以见当时的人对他迷信之深:

杨抽马卦象,言人死生吉凶、贵贱寿夭,往往如

神。予书已数见之，但志其大者。至于微细眇末，居止宴会，亦未尝不前定于累年之外。兹不惮屡书，使人知万事之固然，不必营关方寸也。

四

见于文献记载的宋代卦影专家，还有如李某（李昂？）、狄俏、孟诊、戴确、刘枢干等几位。这些位都是在京师（汴梁或后来的杭州）售术的。而且，据记载，主顾多半是官僚和应试举子。以其不常为世人所知，一一引述于下。

《夷坚志·甲志》卷一三"狄俏卦影"条：

狄武襄之孙俏，得费孝先"分定书"，卖卜于都市。芗林向伯共子諲，自致仕任起贰版曹，俏为写卦影，作乘巨舟泛澄江，舟中载歌舞妇女，上列旗帜，导从之属甚盛。岸侧一长竿，竿首幡脚猎猎从风靡。诗云："水畔幡竿险，分符得异恩。潮回波似镜，聊以寄君身。"向读之甚喜，自以必复得谢，浮家泛宅而归之兆。但未尽晓。一日，上殿占对颇久，中书舍人潘子贱良贵摄记注侍立，前呼曰："日晏，恐勤圣听。向子諲退！"而天语未终。向不为止，潘还就班。少焉复出，其言如前。向乃趋下。明日各待罪,上两平之。已而各丐外。向章再上,以学士知平江府。到官三月馀,力请谢事,优诏进秩以归。始尽悟卦意:"水畔幡竿",指潘公也。而出守辅郡,上眷益厚,所谓"分符得异恩"也。"潮回"者,言自朝廷还。"波似镜"者,平江也。"聊以寄君身",谓姑寓郡斋终当归休耳。

狄俣是狄青的孙子,得到费孝先的《分定书》,此书恐系综述占卜术的书,包括卦影在内。"分定"即"命中所定"。这让我们想起了后世《红楼梦》中"识分定情悟梨香院"。狄俣得到此书,也未必是费孝先亲传弟子,说不定是自学成才。

南宋龚明之《中吴纪闻》卷二"陈龙图使高丽"条:

陈睦,字子雍。嘉祐六年登进士科,名在第二。治平中,诏举馆阁才行之士,子雍与刘攽、李常宁、李清臣辈首被选擢。熙宁、元丰间,高丽屡航海修贡,朝廷以为恭,选使往谕之。初命林希子中,力辞。更命睦,睦即日就道。神宗大喜,语辅臣曰:"林希无亲,坚辞不行;陈睦亲在,乃不惮于往。"因出希知池州;假睦起居舍人,直昭文馆,特赐黄金带。受命七日而行,涉海逾月,出入惊涛中,遂抵其国。使还,乃真拜所假官职，且令服所赐黄金带。又赐黄金盏于令式外以为宠。俄直龙图阁、知潭州，卒（墓在南峰山）。二子：彦文经仲，尝跻法从；彦武纬叔，为提举官。

初，林希枢密买卜于京师，孟诊为作卦影，画紫袍金带人对大水而哭。林以为高丽之役涉瀚海，故力辞之。后出知池州，继遭丧祸，其验不在彼而在此，始知祸福不可避也。

孟诊的情况只知道这么一点。他会占卜，会画卦影，却是无疑。《夷坚志·乙志》卷二〇"神霄宫商人"条：

古象戴确者，京师人。年十二岁时，从父兄游常州。入神霄宫，访道士不遇。出至门，有商人语阍者："吾欲见知宫。"时道教尊重，出入门皆有厉禁。阍者索姓名及刺谒，此人不与。纷争良久，摔阍于地，殴之，径入户。诸戴恐其累己，皆舍去。此人既入，即不见。而于厨屋内遍壁上下，皆书"吕洞宾至"四字。知官者闻之，拊膺太息曰："神仙过我而不得见，命也。"明日，喧传一州。

后三日，戴氏诸人饭于僧寺，确起如厕，还就石槽盥手。傍一人俯首涤筹，一客相对与共语，确望客容貌，盖神霄所见者，趋前再拜。其人惊问何故，曰：

"公乃吕先生也。"具以前事告。其人笑命就瓮取水一杯,自饮其半,以其半与确。确饮之,出白其父。奔至厕所访之,无及矣。

确既长,能为费孝先《轨革》卦影,名曰"古象"。后居临安三桥为卜肆。有丐者,结束为道人,蓝缕憔悴,以淘渠取给。尝为倡女舍后除秽,确心窃怜之。明日,延之坐,具食谓曰:"君名为道人,须有所奉事高真像貌。今日日从役污渠中,所得几何?况于入倡家,衣服手足,皆不洁清,得无反招罪咎。"道人谢:"实有之,特牵于糊口,不暇恤。"确赠以钱二百。忽笑曰:"颇相忆乎?"确愕然不省,曰:"方见君于此,不忆也。"道人曰:"五十年前,君遇吕翁于常州僧寺,时有据石涤筹者,识之乎?我是也。"确惊谢。方欲询姓名,长揖而去,自是不复见。确自饮残水后,至七十馀岁,无一日病苦。

这是故神其说,说自己的占卜画卦影本事乃吕洞宾仙人传授。名为"古象",笔者以为,是指所画的都是"古衣冠"。

《夷坚志·三志·壬卷》卷三"刘枢干得法"条:

衢州刘枢干者,本一书生。少年游京师,曾处沈元用给事馆第。遇异僧过而相之，识其功名无成，而眸子碧色，堪入鬼道。欣然授以卦影妙术，勉而受之。又一客为传天心正法，亦姑受之。其进取之气方锐，所怀盖不在此。及离乱南还，蒱博饮酒，穷悴日甚，乃习持正法，治妖魅著声。韩子师遭奇祟，挠聒弥年，巫觋百计弗效。召刘视之，曰："易事尔！"语出宿书院，尽屏姬妾，约一夕即无恙。其家从其说。以夜行法，戒童奴曰："紧阖户，候闻铃声至则启之。"而尽灭灯烛，既振铃入户，复闭之。忽光景满室，病者见五通神，着销金黄袍，骑道而去。刘出，病者酣寝。及旦起，洒然如常人。即使反舍，一家喜敬不可言。排比宴席，挽留五日，乃备礼酬饯，遗货币直三百万。临别，令两美人捧金钟为寿。饮讫，悉用为赠。又饷一骏马，刘醉中乘马，而两妾骑于前，怀其钟，驱辎重数担。道上聚观，咨美叹息。刘大过所望，深恨行法之晚，自取流落。行未十里，失辔颠坠，左臂跌折，呻吟不能进，歘然省悟。急遣告韩，易肩舆，归其妾与马。痛卧岁余，囊金殚竭乃愈。此臂竟瘫缓，因自咎传法之旨，令勿得受财，今犯戒招谴，宜也。

遂罢其术，而无以衣食，始售卦影。衢人识其本原，不肯从之。念无以致人之信，假故旧闲馆朋游之地，不授钱米者，与之卜。然后所言日验，踵门渐多，复还通邃置肆，奇中非一，远近耸传。

……自此门庭如市，至纳卦钱连日而不得入手。……又士人某，有弟任处州教授。是岁大比。七月中，弟书报母病。急来占；画一城，开四门，中作一殿，殿上两倚御坐，殿下一射垛。元不及所问大略。士人虽奔往处州，母已平复。而归赴举场，度已后期。计会赴转运司试，乃《尧舜辟四门赋》《虎侯诗》。

然或全年揲蓍，无一应者。元礼疑而问焉，对曰："此系一时神将灵否如何尔。一时之中，又每时换易。若值所直者明了，即报事通神；值其昏昧，则妄言矣！"仍云："若来报丁宁，辄现形于纸上、或案上、或衣袖上，吾亦不晓。第依而笔之，无所容己意。若神影不现，乃自据卦爻推演而画之尔。故宜有不验。"刘此段寻常不泄于人，兹其所秘也。

黄齐贤与郑氏父子至交，得闻其说。绍熙四年，刘下世，寿至九十。今厥子若孙尚袭其名，然不逮远矣。

这位刘先生倒是会讲话，如果自己的占卜、卦影不灵，他倒有的说，两条：一是降神时来的神灵颟顸；二是神灵没来，作法者按自己的意思推演，那就难说了。

北宋王辟之《渑水燕谈录》卷六：

术士李某者，亦传管辂《轨革》法，画"卦影"颇有验。今丞相顷尝问之，卦影画水边一月，中有十口。未几，除知湖州。又卢龙图秉使占，卦影亦同，乃除知渭州。字虽不同，而其影皆符。（《类苑》卷四七，《分门古今类事》卷一一俱引此）

这是说同样的画可以得出不同的解释。这就为后世"黄鸟叼画""天竺灵签"之类用少量小画片应付大量求问者开了先河。按，两宋之间的朱彧，在其所著《萍洲可谈》卷三中记载：

开封李昂作卦影，自云能识倚伏。每筮得象，则说喻人，亦有理趣。余目击一事：曾有一卒，持百钱来筮。昂探著布卦，即画人裹巾，半衣白，半衣绿，以杖荷二妇人头。昂曰："卜者士人，半衣白似无官，半衣绿似有官；半绿似无出身，半白又似有出身。荷二妇人头，两头阴，以为贵人之首云。"后询知，卜者何大正也。何以布衣上书言元祐皇后，称旨，得官；后又言元符皇后，忤旨，失官。卜时方被罪。

这位李昂,是不是上述那位"李某"呢,只可悬疑了。

五

卦影在宋代以后迅速消逝,笔者以为,其原因主要有两条。

一条是,如《东轩笔录》卷十二引用王平甫所说的:

> 自至和、嘉祐(按:1054—1063年)以来,费孝先以术名天下,士大夫无不作卦影,而应者甚多。独王平甫不喜之,尝语人曰:"占卦本欲前知,而卦影验于事后,何足问耶!"

前引《萍洲可谈》卷三,在讲了李昂的事以后,夹叙夹议地说:

> 昂术精妙。余每求筮,或中或否,不能尽如此。或言,日者占筮,系其穷通,所谓术,果何如哉!

在这一段前面,朱彧还讲到他对费孝先的评价:

熙宁间（按：约当1072年前后），蜀中日者费老筮《易》，以丹青寓吉凶。在十二辰，则画鼠为子，画马为午，各从其属。画牛作二尾则为失，画犬作二口为哭，画十有一口则为吉，其类不一，谓之"卦影"。亦有繇词，以相发明。其书曰《轨革》，费老筮之无不验。其后转相祖述，不知消息盈虚者往往冒行此术，盖中否未可知也。求筮者得幅纸画人物，莫测吉凶，待其相符，然后以为妙。卜以决疑，而转生疑，非先王命卜之意也。其画人物不常，鸟或四足，兽或两翼，人或儒冠而僧衣，故为怪以见象。

这一段极为重要，所以我们放在后面，待读者看罢前文，有了一些感性认识，再看这段带有小结性的话，就更清楚了。它说明：一、这位费老（看来一定非费孝先莫属）画卦影的根据肯定是《轨革》。而且对费老极为客气，说他的卦影灵。至于后来人画的不灵，那是假冒骗人，与费老无涉。二、对所画内容也作了较为明确的说明，如对十二属相的画法。三、说画上常常题有"繇词"，有似题画诗词一般。按，繇在此处同籀，籀辞（"辞"通"词"）乃是占卜后用来表示卦中深意的一种占辞。这就解释了宋元时期一些著作中谈到卦影时没有描述画面（大概没有见过），只传述繇词的情况。例如，我们前面没有引述的《夷坚志·甲志》卷十"红象卦影"条,就说,有一位"红象道人"作卦影,没有描述画的是什么,只引录二十字诗句一首。《夷坚志·志补》卷十八,又有"张邦昌卦影"一条:

> 张邦昌以靖康元年为少宰,奉使虏营。留颇久,梦一术士为作卦影,而书十六字于后曰:"六六三十六,阳数自然足。二二二,不坠地。"明年南归京师,受虏命为楚帝。僭居宫阙者三十六日。及谪长沙,赐自尽,正建炎二年,而月日又有两二字。缢于梁间,所谓不坠地也。

可以从一个侧面看出,宋代的人对卦影是如何地热衷,连做梦都梦见卦影,并把繇词记得那样清楚。

卦影衰落的另一个原因则是,画和买一张卦影,等于买一张"中堂""横幅"那样的较大型画片,画得怪晶晶的,艺术性看来不会很高,又不能真正挂着。而且所费不赀,得有钱的人才买得起。因此,很难推广。后世的变种就如我们前面所说的"黄鸟叼画"或"带回灵签",一张小画片可用多次,问卜的人所费不多。

附言:似乎有人说,后世的"圆光术"是卦影的变种,我们不赞成。容当另文述之。

人事:"书帕"

"人事"一词,在古代汉语中有多种意义。其中一种意为"应酬,交际",并且往往带有"请托,说情"的意味。这些,又往往与仕途有关。例如,袁宏《后汉纪·殇帝纪》记有:"儒生寡少,其在京师,不务经学,竞于人事,争于货贿。"《南史·恩倖传·戴法兴》:"而法兴、法宝大通人事,多纳货贿,凡所荐达,言无不行。"请托属于主动请求,说情则是在某种被动情况下提出要求。无论是请托还是说情,空口说白话,从来不行。因此,进而把所纳货贿也称为"人事",这是从付出者与收纳者两方面角度说。单从收纳者角度说呢,如果是能够堂而皇之说出来的,也就是应当应分的,因而把常常是意外所得的礼品类实物也称为"人事",那却没有太多的贬义了。例如白居易《让绢状》:

"恩赐田布与臣人事绢五百匹。"这是上赏,臣于引以为荣,看来并无贬义。

唐代与宋代,流行把赠送的礼品称为"人事物",这可得分析。其中有中性的,当然更有贬义的。例如,韩愈《谢许受王用男"人事物"状》:"圣恩宏奖,特令中使宣谕并令臣受领'人事物'等。承命震悚,再欣再跃。"看来没有贬义。宋代许观《东斋记事》中还有"人事物"一条:"今人以物相遗,谓之'人事'。"给这个词下了定义,也是中性的。但是,礼物哪有白送的,赏赐也不是白给,必有所求,必有所用。严格来说,人事就是企求回报的一种财贿。高士,或说远离仕途之士,是避之唯恐不遑的。《资治通鉴·晋武帝·泰始十年》条中,说到范粲忠于曹魏,晋朝立国后"称疾不出,阳狂不言"。"子乔等三人,并弃学业,绝人事,侍疾家庭,足不出邑里。及帝即位,诏以二千石禄养病,加赐帛百匹。乔以父疾笃,辞不敢受。"后来的陶渊明《归田园居》之二:"野外罕人事,穷巷寡轮鞅。"便透露出脱离仕途缠绕的愉悦。当然,陶诗运用"人事"这个词语,恐怕主要还是意味着"交际,官场酬应",但也不能排除多多少少的经济内涵。大约魏晋时此种"人事"现象已经表现出非常严重的蔓延态势,因而,《晋书·武帝纪》泰始四年十二月条中记载:"班五条诏书于郡国:一曰正身,二曰勤百姓,三曰抚孤寡,四曰敦本息末,五曰去人事。"可见已经把这样的事体提到安定社会的高度上去认识了。

大体上从明代开始,流行的一种"人事"词语,叫做"书帕"。值得注意的是,此种"人事"带有如下特色:

一是,涂有"文雅"的保护色。二是,带有明显的方向性。这两点必须联系在一起,才能说清楚。那就是,进京的有所干求的人,特别是士子或愿意给自己刷上点文化涂料的士绅之类人物,往往带上自己的著作:诗文集,到京后送给有必要结交的人,届时并附精致的手帕,加在一起,称为"书帕"。"书帕"中的"书",就是那种为了赠阅用的个人著作诗文集,常常是为了上京现刻的。习称为"书帕本"。据说,起源于外地的官员任满入觐或奉使出差回京(多为学差),帕不帕的先不说,必刻一书,入京后送人。顾炎武《日知录》之"监本二十一史"条有注:"昔时入觐之官,其馈遗一书一帕而已,谓之'书帕'。自万历以后,改用白金。"书帕本来只是送礼的雅致的遮羞布,受礼的人并不重视它,送礼的人也意不在此,所以刻的书往往刻工拙劣,校勘不精;在中国书籍史上成为劣刻之代表。

一般来说,"书帕"之方向性十分明确,有如辐辏,来自四方,聚于京师;目的性当然也很明确:希望有助于仕途及其相关方面的识拔。慢慢地,书帕中就夹杂金银财宝啦!因而,书帕就成为向有势力者行贿的文雅代用隐语。书帕的内容也就十分庞杂,不限于一书一帕矣。这方面描写得详细的，甚至可说达到淋漓尽致的程度的，当推《金瓶梅词话》。此书虽然表面写的是宋朝的事，实际上反映的可是明朝的社会现实，拙见是，可以当明代史料引用。

《金瓶梅词话》第三十六回，内容摘录如下：

话说次日，西门庆早与夏提刑出郊外，接了新巡按，又到庄上犒劳做活的匠人。至晚来家。有平安进门就禀："今日有东昌府下文书快手，往京里顺便捎了一封书帕来，说是太师爷府里翟大参寄来的书与爹。小的接了，交进大娘房里去了。那人明日午后来讨回书。"西门庆听了，走到上房，取书拆开观看，上面写着什么言词：

"京都侍生翟谦顿首书拜

即擢大锦堂西门大人门下：久仰山斗，未接丰标，屡辱厚情，感愧何尽。前蒙驰谕，生铭刻在心，凡百于老爷左右，无不尽力扶持。所有琐事，敢托盛价烦读，想已为我处之矣。今因便鸿，薄具帖金十两奉贺，兼候起居。伏望俯赐回音，生不胜感激之至。外新状元蔡一泉，乃老爷之假子，奉敕回籍省视，道经贵处，仍望留之一饭，彼亦不敢有忘也。至祝至祝！秋后一日信。"

接着,续写蔡状元、安进士来见:

蔡状元那日封了一端绢帕、一部书、一双云履;安进士亦是书帕二事、四袋芽茶、四柄杭扇。各具宫袍乌纱,先投拜帖进去。西门庆冠冕迎接至厅上,叙礼交拜。家童献毕贽仪,然后分宾主而坐。先是蔡状元举手欠身说道:"京师翟云峰甚是称道贤公:阀阅名家,清河巨族。久仰德望,未能识荆。今得晋拜堂下,为幸多矣。"

《金瓶梅词话》第七十八回,记载西门庆行贿:

"又一件,宋老爹如今按院,不在这里了,从前日起身往兖州府盘查去了。"西门庆道:"你明日就同小价往兖州府走遭。"李三道:"不打紧,等我去,来回破五六日罢了。老爹差那位管家,等我会下,有了书,教他往我那里歇,明日我同他好早起身。"西门庆道:"别人你宋老爹不认的,他常喜的是春鸿,教春鸿、来爵一时两个去罢。"于是叫他二人到面前,会了李三,晚夕往他家宿歇。伯爵道:"这等才好。事要早干,多才疾足者得之!"于是与李三吃毕饭,告辞而去。西门庆随即教陈经济写了书,又封了十两叶子黄金在书帕内,与春鸿、来爵二人,分付:"路上仔细,若讨了批文,即便早来。若是行到府里,问你宋老爹讨张票,问府里要。"来爵道:"爹不消分付,小的曾在兖州答应过徐参议,小的知道。"

《金瓶梅词话》中写到书帕处尚有多处,以上举其显者。注意:

书帕已成交际送礼客套必用之物。观乎蔡状元等二人的见面礼中以书帕当先,其余礼品在后,便可知此中消息。其适用范围,已由入京辐射至京城之外矣。

再看明季清初东鲁古狂生《醉醒石》第七回中对一个巨贪县官的描写:

> 至于考较生儒,是件正务。一等头,乡绅子弟;一等尾,自己钱神。这些吃荤饭送节礼的,布在又一等,把些孤寒有才的都剩下。到童生案首决进的,又得个名,决要三百。三十名内,可望府取,定要三十两。禀进学,禀科举,都是得钱。真是乡绅口是心非,士民积怨深怨。八差地方,似这样做官。是一日安不得身的。但奈他钻刺不过,凭着这说不省道不省毒心,更有那打不怕骂不怕皮脸,三七分钱,三分结识人,七分收入己。上台礼仪不缺,京中书帕不少。混了五年,也在科

道中，寻个送他千两作靠山。又去吏部中用他几百两，寻头分上，也得个部属。"金多誉重，财旺升官。排门入阁，只是能钻。"

注意："上台"指本省的各级上司，"京中"指首都的各级高官。"科道"指的是"科道官"。明清两朝，六科给事中与都察院各道监察御史统称"科道两衙门"，在一定情况下能说得上话。好话、坏话全能说。"吏部"则是能给中下级别的地方官员发文凭的地方。

明清通俗小说中此种记述尚多，请读者自行寻觅观览，我们不再列举。下面看看笔记中的记载罢。

明代何良俊《四友斋丛说·卷十六·史十二》中有云：

张庄简悦，在宪孝两朝声望甚重，孝庙深知之。为支部侍郎时，尝缺尚书，孝庙注意欲用之。中官揣知上意，即差人来言："爷爷要做天官，我知张侍郎是清官，与人没往来，然手帕亦须送我们一对，在爷爷面前好说话。"庄简不往。中官又差人来言："张侍郎既无人事，帖子亦送我们一个。"竟不往。后马端肃托人去讲，遂补冢宰。张升南京吏部尚书。

张悦（谥庄简）是成化、弘治两朝的名臣。孝宗（弘治帝）因为吏部尚书出缺，想把张悦由副手（侍郎）提升为一把手尚书。宫内掌权的太监放出话来，要点小小的贿赂。张悦不理睬；太监不得已而求其次，说是赏张名帖也好。张悦还是不理睬。结果，被偷天换日，派到南京作吏部尚书去了。那是个"影子内阁"的官职，半退休。马文升（谥端肃）比较圆融，就当了尚书了。

明代蒋一葵《尧山堂外纪》卷八十五中载有"陆昶"的轶事：

> 陆昶自以历任年深，当有不次之擢。道逢刑部尚书陆公瑜、大理卿王公概乘肩舆，因避焉，即为口号云："陆老前头去，王公逐后来。明年二三月，也有轿儿抬。"诸公闻而恶之，遂有福建参政之拟。昶行，寀采饯之，对众朗吟云："非是区区欲大参，奈因两鬓雪毵毵。诸公侧耳朝端听，一道清风振斗南。"后又寄诗京师诸故旧云："再三上覆众哥哥，人事无多没奈何。只有新书并手帕，并无段足与纱罗。"闻者益怒，遂不复进云。

陆昶佯狂玩世，写讽刺打油诗。按，宋代的参知政事乃宰相级官职，简称参政。元代于中央的中书省和各行省的行中书省均设参政，乃是一种副贰性质的官职。明代则于各省的管财政事务的布政使之下置左右参政。俗称"大参"。陆昶原意似乎是在用典，希图仗着老资格进入中央执政班子，也坐坐那种轿子。结果，给挤出中央，贬到福建作"大参"去了。他又打哄，临行说，即使在那里的财政衙门里，也决不同流合污。那不是自找讨厌吗！到了福建，他还调侃京官，说只有真正的书帕赠送，不附有别的。又一个结果，自然是窝在那里不动弹了。

不是没有正人君子。明代李乐《见闻杂记》卷五载有：

> 戊辰进士谢君（良弼），凤阳之水平县人，仕为平湖令。辛未应朝，在官无所取，空囊北上，于京官书帕仪概不相通。毁誉得失之际，漠然不介其怀也。贤矣哉！予是年亦应朝，送一大座师礼，自谓俭约过人，然自揣不及谢君。

明代朱国祯《涌幢小品》卷十亦论此事：

> 人必一钱不入方是清，立锥无所方是贫，我辈有屋、有田，每每受人书帕，岂可言清、言贫？只是不饶裕，不龌龊而已，若侈然自命，而曰我云云，彼云云，宜其招怨而翘祸也。

明季的文秉《烈皇小识》卷一,载有韩一良上书论书帕纳贿一事:

给事中韩一良有《劝廉惩贪疏》,深当圣意,因召对,出此疏覆阅良久,命一良高声朗诵。甫读毕,取疏付阁臣阅。刘鸿训奏:"弊有两端,有交际,有纳贿。"上问:"何谓交际?"鸿训奏:"交际,如亲友问遗之类,情有可原;纳贿则希荣求宠,便不可以数计矣。"上曰:"朕阅一良所奏,大破情面,忠鲠可嘉,当破格擢用,可加右佥都御史。"支部尚书王永光承旨,因奏:"科臣露草,必有所指,乞皇上命科臣摘其尤者,重处一二,以为贪官之戒!"上召一良,指疏内"开之其源,导之有流"等语,着据实具奏来。一良对:"臣今未敢深言,俟辽东平复之后具奏。若纳贿等事,臣疏中原说风闻,不曾知名。"上意怒曰:"难道一人不知,遽有此疏?限五日具奏!"一良回奏参周应秋、阎鸣泰、张翼明、褚泰初。后复召对,上曰:"周应秋等自有公论,张翼明已下部听勘,俱无用尔参!"又取一良前疏,反覆展视,御音朗诵,至"臣素不爱钱,而钱自至。据臣两月内,辞却书帕已五百馀金,以臣绝无交际之人,而有此金,他可知矣"。读至此,击节感叹,厉声问一良:"此五百金何人所馈?"

一良对:"臣有交际簿在。"上固问之,一良始终以风闻对。上遂震怒,谓其以风闻塞责也。上即谕阁臣曰:"韩一良前后矛盾,他前疏明明有人,今乃以周应秋等塞责。都御史不是轻易做的,要有实功,方许实授!"刘鸿训等合词奏请:"臣不为皇上惜此官,但为皇上惜此言。"上温色曰:"分明替他说话!他既不知其人,如何轻奏,岂有纸上说一说,便与他一个都御史?"召一良面叱曰:"韩一良所奏疏,前后自相矛盾,显是肺肠大换。本当拿问,念系言官,姑饶这遭。"

韩一良早应想到崇祯皇帝是多疑、认真之人,结果,风头出不成,还落一个得罪人不少。他以后在朝廷上可是站不住啦!按《明史》的记录,他是丢官罢职啦!但是,看下面一则,可是比他惨多了。

清代陈康祺《郎潜纪闻二笔》卷十六"陈紫芝在台垣之风节"条:

> 康熙间,吾乡前辈有声台垣者二人,而均出吾宗:一理少,一则非国先生紫芝也。先生初官词曹,即不受外僚书帕之敬,入台尤持风纪,尝疏请裁屯卫、颁礼书,除南城大猾邓二,皆先行。时疆臣多由阁部保举,湖广巡抚张汧,大学士明珠所私也,恃势贪暴,廷臣不

敢纠。先生具疏劾沂,且请罪其保举之人。奏入,上语之曰:"满朝为所贿属,尔小御史,乃尔敢言。"翌日,面谕九卿,即与内升四品卿(按:蒋学镛《樗庵存稿》谓:原保大僚十馀人,因之降黜;新修《鄞县志》从之,非事实也。康熙二十七年,明珠革职,上谕尚以保举张沂官员,未经议罪,责塞楞额之庇护,见《明珠传》)。先生益感激思报称,一日,于朝房值明珠,延坐进茗,饮之,归寓暴卒(按:明珠延坐一事,见《莱州府志·郭琇传》)。在明相黩货揽权,势居骑虎,固不避妨贤害正之丑声;惜济济盈廷,无一人为之举发者,而先生之方刚见惮、峭直寡援益见矣。

这可是把老命全搭进去了?

后来,"书帕"又衍化成文雅的"送礼的礼金"的搭配性质的隐语,那可没有什么贬义了。例如:明季清初张岱所著《陶庵梦忆》卷五"柳敬亭说书"条:

南京柳麻子,黧黑,满面疤瘤。悠悠忽忽,土木形骸。善说书。一日说书一回,定价一两。十日前先送书帕下定,常不得空。

这是因为敬重柳敬亭的为人,以对等的主宾礼节相待,所以书帕当先，礼金随后。当然，重要的还是那下定的一两银子。不然，柳麻子是不会来的。

附记二事：

一件是著称于史籍的"《长生殿》案"。清代梁章钜《浪迹续谈》卷六"长生殿"条，备引王应奎《柳南随笔》（化文按：见卷六）与梁绍壬《两般秋雨庵随笔》（化文按：见卷四），记洪昇等人因国丧演剧获罪事之本原，大不相同。我们此处引梁氏所记："黄六鸿者，康熙中由知县行取给事中。入京，以土物并诗稿遍送名士，至宫赞赵秋谷执信，答以束云：'土物拜登，大稿壁谢。'黄遂衔之刺骨。"后来借国丧演《长生殿》剧事弹劾。获罪人颇多。这是一则因"人事"引出大事的典型事例。

另一件事，则是清代的麟庆，他历任封疆，足迹半国内，好探访名胜古迹。他刻印了一部在中国古代版画史上很有名气的《鸿雪因缘图记》。照我的看法，刻印的缘由起码有一部分是为了送人，特别是为了在返京时充当"书帕"使用，颇具炫耀性。现代人有了照相机，就比麟庆便当多了。我的许多友人游览归来，就常常手持照相簿，四处给人看。其用意大体相同。但是，麟庆的版画，毕竟名垂青史矣。可也就是在道光年间，加上旗人贵族的身份，要不然，有人追究，花这多银子刻如此精致的书，款自何来？可就麻烦啦！

最后，我们还是引明代著名的清官海瑞在《备忘录》中"禁印书籍"的一段有关书帕的话："此等事，在内谓之礼；在外执律论之，便是赃！府州县官识之！"

退士闲篇

琉璃喇叭·鼓珰·料泡·响葫芦·倒掖气

题目上五个专名词,实际上指的是同一种事物,不过随时地之不同,各有叫法。还有叫"噗噗噔""兵嘣"的呢。所指都是一种主要供儿童作玩具的玻璃器。中国南北各地繁华之区,见于记载的,如北京、山东、广东等地都有生产销售者。即以北京而言,《北京民间生活百图》第八十六图画的就是"卖琉璃喇叭图"。这部画册大约绘制于清季,约在八国联军撤退后洋人大批进京做种种营谋或观光之时。销售对象主要是外国人。此图附有说明:

　　此中国卖琉璃喇叭之图也。其人用碎玻璃溶化,吹成喇叭。又有"吓吓噔"。以每逢冬春庙场游人

《北京民间生活百图》中"卖琉璃喇叭图"

配图题字：此中国卖琉璃刺叭之图也。其人用碎玻璃溶化吹成喇叭。又有吓吓噔，以每逢冬春庙场游人必买吹之。响声嘟嘟，连音吹之可听，俱买。

必买，吹之，响声"呜嘟嘟"。连音吹之，可听，俱买也。

"吓吓噔"是俗字，一般写作"噗噗噔"。这又是我们此文中出现的一个新的同义词。所谓"冬春庙场"，主要指的是庙会，特指厂甸春节设摊。"游人必买"，实际上也主要是买给小孩儿吹着玩儿的，但也有一些小流氓类型的时髦男青年买来吹着显示自己的。《中华竹枝词全编》第十六页，民国年间"玉壶生"（生平不详）所作《厂甸竹枝词》中，一首云："引类呼朋号自由，时装打扮似名优。口吹扑磴招摇过，豚尾蓬松系气球。"末句形容剪辫子以后还留着一个小辫儿，在那上面系一个气球。"扑磴"就是"噗噗噔"。

琉璃喇叭的烧制方法，清初孙廷铨（1613—1674年）所著《颜山杂记》卷四有较为详细明确的记载，兹据《四库全书》（影印文渊阁本）节录如下：

> 凡为鼓当，先得葫芦，旋烧其底而四流之，以均其薄，欲平而不平，使微杠焉，以随气之动，乃得鸣。鼓当者，响葫芦也，言微气鼓之而当鸣也。

这一则，迭见《日下旧闻考》卷一百五十、《琉璃厂小志》第一章等处引用，但均系节引。且有错字，如"四流"误作"凹流""微杠"作"微槓"，都是关键性的错字，不可不察。而且，孙氏辑录的是他的家乡山东益都的事，北京方志中借来引用，只是证明两地都生产鼓当罢了。

清季吴趼人（1866—1910年）所著《发财秘诀》第一回，把这件事说得更加透彻：

> 那料泡是一件什么东西呢？原来是用玻璃吹成的一个泡儿，其样式就和馒头一般。那"馒头"面上正当中却做出一个小管。那小管的玻璃略厚，那泡儿的玻璃却比纸还薄。靠底一面那块平玻璃，却做得略略有点微

凹了进去。如此不停呼吸,那玻璃也不住的凹凸。其凹凸之时却有声响,作兵嘣兵嘣之声。广东人就叫他做"兵嘣",是卖给小孩子玩的。小的不过荸荠大小,零买只得二三文一个;大的有馒头大小,也不过十来文一个。

我们是从《晚清文学丛钞·小说二卷》过录来的,这部著作原载于《月月小说》一卷第十一、十二及二卷一、二期,1906—1907年出版。这一段文章里,又加上一个新词儿"兵嘣",说的还是这种物儿。

近人孙殿起先生《琉璃厂小志》第一章"概述"中"烧殿瓦及器物"条,引用清初魏坤(1646—1705年)的《倚晴阁杂钞》说:

琉璃厂原为烧殿瓦之用。瓦有黄、碧二种。明代各厂俱有内官司之。如殿瓦之外所制:……一曰葫芦,小者寸许,大或至径尺,其色紫者居多。一曰响葫芦,小儿口衔,嘘吸成声,俗名"倒掖气"。

魏坤此书我没有见到过,只可转引。孙氏此则大约系自《日下旧闻考》卷一百五十等书转引。魏坤,浙江嘉善人。据说他"弱冠游京师",那时正当康熙初年。"葫芦"是

"响葫芦"的成型基础,我们连类摘引。我年轻时游览琉璃厂,看见琉璃喇叭也有葫芦形的,属于高级货,价格高;一般"酒盏"形的,如《生活百图》所绘,则售价较低,按大小论价。再看下面两则:

  琉璃喇叭者,口如酒盏,柄长二三尺。咘咘噔者,形如葫芦而长柄,大小不一。皆琉璃厂所制。儿童呼吸之,足以导引清气。

  琉璃喇叭,"旧闻"不载。咘咘噔即鼓珰,亦名响葫芦,又名倒掖气。小者三四寸,大者径尺,其色紫者居多。小儿口衔,嘘吸成声。

以上引自清人富察敦崇《燕京岁时记》"琉璃喇叭、咘咘噔"条。富察敦崇(1855—1922年),满族,著名的满族女诗人顾太清的外孙,属于清季至民国初年的"老北京"。"咘咘噔"即"噗噗噔"的俗字。其实,连"噗噗噔"恐怕也是俗字,取其谐音而已。综合前述可知,起码在北京,这种玩物都是琉璃厂的产品,因此,在春节厂甸庙会中必有此物出售,平时倒是少见。一直到解放初还是如此。我从1943年至1950年前后,年年逛厂甸,年年看见它。可是从来不敢买,因为怕吹破了吸进嘴里甚至气管里,可就不妙了。解放初,约在1950—1951年之间,有人在报纸上提意见。政府马上下令禁止,从此就看不见它了。

《颜山杂记》记的是山东的事,《发财秘诀》记的是广东的事,可见,此物在那两个地方也颇有生产。特别是《发财秘诀》,所记一位叫"区丙"的广州人贩卖"料泡"的事,颇为生动。以其连篇累牍,辄节引一部分,以资谈助:

> 忽见一家店铺在那里烧料泡……便先去买了一个竹筐,再到那料泡店中,拿出二钱银子,大大小小买了二三百个……
>
> 区丙贩了料泡到香港去,在马路旁边憩下,手中拿着一个,不住的兵唪兵唪呼吸着。这是他们贩这个东西的规矩,叫人家听见了好来买的意思。……信步行去,口中仍是呼吸着那泡儿,兵唪兵唪的作响。忽然迎面来了一个外国人,看见区丙,便立定了脚看他。区丙胆战心惊,低着头只管向前走去。那外国人嘴里叽里咕噜的叫了一句话,区丙不懂得,只不敢理睬他,仍向前去。那外国人赶了上来,一把拉住,吓得区丙放下竹筐,唇青面白,不住的瑟瑟发抖。那外国人低下头,在篮里拣了一个顶小的,对区丙又唧咕了几句。区丙不知是什么意思,接过那泡儿,衔着小管,一阵呼吸。那外国人在他手里取去,又唧咕了几句。区丙暗想,莫非他要买么?这个顶小的,在乡下只卖得一文钱一个。卖给

他，不可卖贵了。恐怕他打听出来，说我卖贵了。说我欺他。然而苦于不知道"一文钱"三个字外国话怎生说法，无奈，只得和他做手势，伸出一个指头来。那外国人看见，就在身边摸出一元洋钱给他。区丙大喜，口中连说："多谢，多谢！"那外国人交了洋钱，拿起那泡儿一吹，只听得嘭的一声，那块底上的玻璃破了一大块，以后再吹就不响了。外国人把他摔在路边，又拣了一个，给了一元洋银，又拿起一吹，依然破了。外国人很以为奇，摔了破的，又拿起一个，对着区丙唧咕。区丙此时福至心灵，知道是问他的吹法。他便接在手里，呼吸了一会，又鼓动两腮，以示呼吸之意……

那区丙看见外国人买的少了，他却弄一个玄虚，把那料泡儿吹做一片觱篥之声。外国人见了，又以为奇怪。原来那种料泡，另有一个吹法，是用嘴唇衔着那管子，轻轻用气吹进去，可以鼓荡得成一片觱篥之声。

这一则很重要，它记录了两种吹料泡的方法：一是用嘴含着吹，此法人人都会；另一种则是如吹箫一般，嘴唇贴着管口吹，不是人人都会的。

这种玩物，在北京并非每个季节和每个地方都卖。可是，《发财秘诀》中记载，广州有长期生产售卖这种东西的

店铺,看来是常年供应。《发财秘诀》中也有说明:

> 近日粤东妇人,不知何所取义,供奉孙悟空神像,香炉之上,倒插料泡一个。偶然一响,则欣欣喜曰:"大圣爷爷灵感,来佑我矣!"此等迷信,省会富贵家尤多。余尝细思其故,实因料泡倒插炉中,其筒口为炉灰所闭,郁抑既久,偶一发泄。发泄之时,其气上冲,故作咯嘣响。屡试不爽。一日之中,多则响三四次,少亦响一二次。总视炉灰之多少为响数之多少。灰多则气愈塞,愈塞则愈易鼓动而泄也。(《发财秘诀》第一回)

看来,此物又属于迷信用品,易耗物资,需要常年供应,必须专业生产呢。

附

清季光绪三十二年"颐安主人"自序的《沪江商业市景词》中,有一首"料泡厂":"琉璃制器有专门,大小瓶形各式存。烧得料泡明似镜,配成何用最纷繁。"这首词清楚说明:"料泡"是一系列琉璃器具(中国自制简易低级玻璃器)的统称。常见常卖的,笔者少年时所见,有大小各式金鱼缸、各种灯具的灯罩（常见常用者有各种煤油灯、马灯等的灯罩）等，这些都是四季常卖的，除了坐商铺子卖，更有小贩挑挑儿串胡同卖。至于吹着玩儿的"料泡"，如上引文中表现出的，参照附图中画出的，似乎可分为两种。一种是低级货，特点是相对于底部来说，柄部较短，大约只能噗噗噔儿，售价较廉。还有一种长柄的，如附图中儿童正在吹的，比前一种结实一些，售价较昂。会吹的人如前引文中的区丙，能吹出简单的乐声来，那就是"琉璃喇叭"了。公名均可以"料泡"概之。这两种"料泡"，老北京只在新春庙会上卖，特别是在琉璃厂会上卖。那些恶少、小混混儿吹的，肯定是琉璃喇叭喽。

话"蜂台"

"蜂台"一词,唐五代有关佛教的专文中常见。姑从《全唐文》等总集中搜寻,抄列如下:

穷贝牒之遗文,集蜂台之秘篆。(武则天:《三藏圣教序》,载于《全唐文》卷九十七)

临雁塔之阶基,对蜂台之闉域。(张鷟:《沧州弓高县实性寺释迦像碑》,《全唐文》卷一百七十四)

蜂台映月,还临舍卫之城;雁塔寻云,即对耆阇之岭。(王勃:《梓州郪县兜率寺浮图碑》,《全唐文》

卷一百八十四。化文按：清代蒋清翊《王子安集注》，于此文中"蜂台"一词下注云："未详"。）

蜂台切汉，方演化于时和；凤刹临云，尚韬名于朝命。（李尚一：《开业寺碑·序》，《全唐文》卷二百零一）

希风崛岫，启鹤苑于神畿；仰化连河，构蜂台于胜壤。（王隐客：《议沙门不应拜俗状》，《全唐文》卷二百零五）

亭亭雁塔，翼翼蜂台。……爰创经室，绣桷云楣。……日阅宝函，手被仙轴。（任知古：《宁义寺经藏碑》，《全唐文》卷二百三十六）

雁塔分身，初疑涌出；蜂台合势，更自飞来。（卢藏用：《景星寺碑铭》，《全唐文》卷二百三十八）

冯蜂台之九重，望龙刹之百尺。（叔孙矩：《大唐扬州六合县灵居寺碑》，《全唐文》卷七百四十五）

金绳宝树，雁塔峰台。（苏宇珪：《重修蒙山开化宝严阁记》，《全唐文》卷八百六十）

岂直悲盈四部，嗟鹿苑之荒凉；抑亦哀悼两宫，痛蜂台之阒寂。（思庄：《实际寺故寺主怀挥奉敕赠隆阐大法师碑铭》，《全唐文》卷九百十六）

遂即倾天秘宝，构此蜂台；竭地藏珍，将营雁塔。……皎见顾高，葺此台塔。（阙名：《幽栖寺尼正觉浮图铭》，《全唐文》卷九百八十八）

雁塔浮空，蜂台架迥。（阙名：《李君莫高窟佛龛碑》，《唐文拾遗》卷六十三）

各在门偏，俱临道侧。……于时遂号"双浮图"矣。……衔芦负暖，驯雁塔以忘归；采萼垂香，下蜂台而欲住。（阙名：《居德寺碑》，《唐文续拾》卷十三）

插萸登鹫岭，把菊坐蜂台。（樊忱：《奉和九月九日登慈恩寺浮图应制》，《全唐诗》卷一百零五）

唐五代人诗文中的"蜂台"一词，大体上就出现在这么几处。至于"蜂台"的确切涵义，上引蒋清翊的《王子安集注》说是"未详"。《辞源》（1983年商务印本）第2768页中，"蜂台"一词的第一义项解作："佛塔的别称。远观佛塔状似蜂巢，故名。"并引樊忱诗为例。第二义项解作："蜂王居处。"引宋代陆佃《埤雅·释虫·蜂》："其王之所居，迭积如台，语曰'蜂台'。"《汉语大词典》第八册第906页"蜂台"条，则把"蜂王居处"作为第一义项；把"借指佛塔"作为比喻性质的引申义，第二义项。窃以为，《汉语大词典》的义项安排，把"蜂王居处"作为第一义项，即作为本义，是正确的。《辞源》局于引述例证的历史前后，先唐后宋，有点拘泥。

"蜂台"是不是完全等于"佛塔"，亦即佛塔的一种别称呢？窃以为，即使是"同义词"，在使用范围、情味等方面，也会有些微不同。我们注意到，"蜂台"常与"雁塔"对称，有时所指就是雁塔，成为雁塔的一种代称。雁塔即大雁塔，最早为唐三藏法师玄奘主持修造。当时在慈恩寺修建此塔的目的，是为了在其中安置玄奘从南亚次大陆带回的佛教经典。从作用看，它是类似于后代佛寺中"藏经殿"的建筑物。

按，唐代官府、街巷均用鼓以报时，故寺院仅可敲钟，

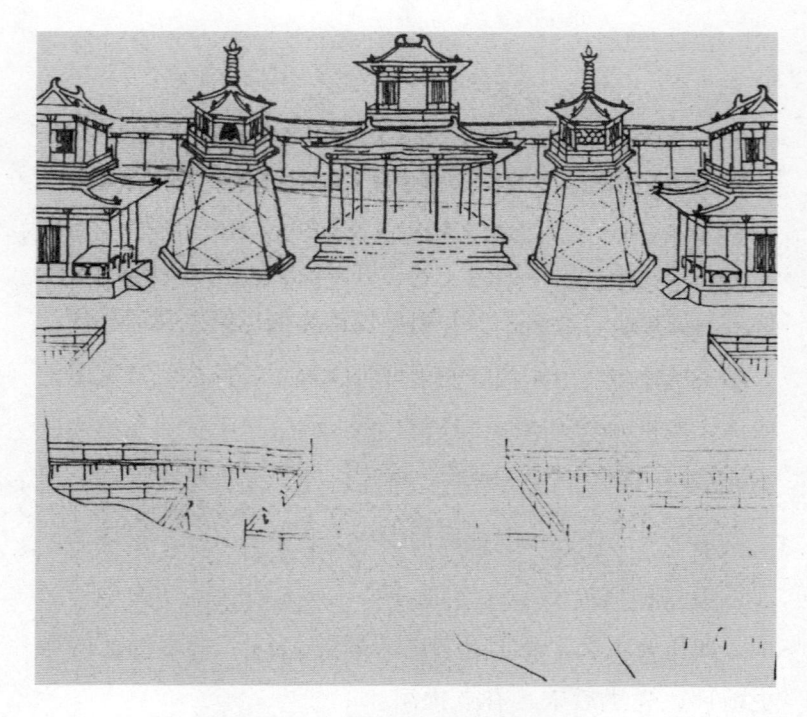

盛唐第91窟壁观无量寿经变的佛寺

不能击鼓。拙作《汉化佛教法器服饰略说》中有较详细的讨论，请有兴趣的读者参看，不赘引。可是，中国建筑又是讲对称的，寺院中一侧有钟楼，另一侧相对的楼台式样的建筑就得派其他用场。一般就用来作藏经阁。即如敦煌莫高窟壁画中所见（为了清晰表见，以线图[①]绘出）：

---

① 线图均自萧默先生《敦煌建筑研究》一书中复制供用，没有打招呼，在此谨致谢意与歉意！

一为第九十一窟南壁，盛唐所绘。可见图右侧与左侧钟楼相对的是藏经阁，两建筑样式相同，图中所见均为六面中之三面，注意：建于高台之上。上层的藏经阁绘出"迭积"的藏经卷轴轴头，远望确实"状似蜂巢"。

又一为第一百五十八窟东壁，中唐所绘。大致与九十一窟所绘从同，高台式。

再一为第八十五窟北壁，晚唐所绘。图右侧为钟楼，左侧为藏经阁。这两个建筑样式相同，均为两层六面楼阁式，下面一层有窗，显示出中空可安置物品的样子，已经不是实心的高台了。

雁塔是多层砖塔，窗户不多，但内部安置藏经，定有带隔子的柜橱。从唐人如白居易等人所写的各种"经藏记"中亦可见端倪。当然，那些经藏大都建于平房中。但不论是平房还是藏经塔，从内部看，应该都是用柜橱隔子储存经卷。进去一看，也可说是"状似蜂巢"。

因此，我们说，"蜂台"作为一种形象化的比喻义词语，在唐代早期亦即初唐至中唐阶段的"高台建筑"盛行时期，其确切涵义应是：塔式或高台式的藏经阁。到了晚期即晚唐，高台式逐渐向更具储藏功能的两层以至多层楼阁式过渡，很多人就慢慢地把"蜂台"等同于较一般的佛塔，而不仅仅是雁塔那样的藏经塔了。从我们上面所引，仔细揣摩，当可悟出其嬗变之迹。

我们要再次强调：佛寺中的"蜂台"，是对藏经阁的形象化称呼。它是一种具有佛教特殊内涵的图书馆，或者说是书库。

明清以来，佛寺建筑更加制度化，藏经殿一般是两层，经藏安置在上层，下层供奉卧佛（象征"佛灭后'以法为师'"）或"千佛听法"等。从上层即经藏的功能看，它似乎是拽长为长方形的"蜂台"上层。

退士闲篇

泰山东岳·地狱·酆都城

有生必有死。死后还有没有脱离躯体而单独存在的灵魂？如果有，魂归何处？这是古往今来各个民族都在思索并谋求解决的问题。

古代中原地区的以汉族为代表的中华民族崇信多神教，自然也相信有鬼。太远的咱们说不明白，就以商代来说，他们是大祭特祭"先王"的，而且用活人陪葬，祭祀时又大肆杀戮。到了春秋晚期的儒家，如祖师爷孔子，虽然相信有鬼有神，可是，孔子说了："未能事人，焉能事鬼。未知生，焉知死。"还有"子不语怪力乱神"，"敬鬼神而远之"这类的表白。生长在南方地区的屈原，在巫觋降神仪式的基础上写出《九歌》，鬼神全有。可以说，中国人自古以来就相信有鬼神，起码认为鬼神是"二气之良能也"。但是，多神教的神，所在好说，天神在天上，水神在所在的江河之中，山林之神分别在山上林中，等等，也就是了。鬼呢？有两个问题出来了，一是鬼居何处；二是，如果不想点处理办法，一代又一代的鬼会越来越多。我们的祖先，对上述第一个问题的处理大约与其他民族不谋而合，认为，鬼总不能老在城市以至乡村中和人一起生活罢，山上人少，且为归骨之地，把他们请到那里去，也就是了。当时，例如孔子所处的春秋时代，一般认为最值得崇敬的大山是泰山，于是，自然而然地就把鬼们请到那里去了。中国南方地区的鬼，如屈原作品中讲到的，是不是也归于泰山，没有明说，大约是就地安排了。与此不谋而合的是，据《后汉书·乌桓传》中记载，那里的人死后，魂灵归赤山（在今内蒙古自治区境内）。令包括少数民族在内的所有的中国人想得不够彻底的，或者是不往那方面想的是，第一，各种各样身份、情况不同的鬼，到了该去的地方后，如何区别对待；第二，一代又一代的鬼陆续抵达，越积越多，恐怕在那里，比如说山上罢，连站都站不下啦！如何打发。幸亏佛教东传，带来了"因缘""轮回""因果"（包括"报应"）和"地狱"等等思想，中国人从中明白了自己考虑得不周之处，例如，唐代唐临《冥报记》卷中（中华书局出版方诗铭辑校本）"唐胜仁蒨"条中，眭仁蒨遇见鬼国之一的临胡国的长史成景，成景告诉他，此国的鬼王是"赵武灵王"。眭仁蒨就怀疑起来，说，按佛法："人死当入六道，那得尽力鬼？而赵武灵王及君今尚为鬼耶？"这就是受佛法启发，开窍了，提出疑问了。中国人主要是受到佛教启发，知道了一种能够解决一代又一代鬼的去向的方法。明白过来以后，逐渐结合自身实际，进而踵事增华，使之大大地汉化，也就是中国化。下面，容我们慢慢道来。

泰山和泰山治鬼

西晋博物大名家张华所著《博物志》卷一"地"部记载："泰山一曰天孙，言为天帝孙也。主召人魂魄。东方万物始成，知人生命之长短。"清代的顾炎武《日知录》卷三十，赵翼《陔馀丛考》卷三十五，并有"泰山治鬼"条，都是从前人考辨的基础上，大力综核，引用许多书面资料来考证说明此事。我们应该也必须从他们的成果上进一步来解释。至于他们引用过的材料，为了避免繁复，我们一般不再重复引用，请读者自行检阅吧。综合他们的引据与考证，可以大体上证明，直到东汉末年以至三国前期，中国，起码是中原地区的鬼，归于泰山是肯定的，至于在那里如何治鬼即管理鬼，则语焉不详。陆续到达的鬼怎样打发抑或就屯聚在那里，也没有明确。中国南方地区如楚国的鬼，北方如东北、西北地区的鬼，是否也到泰山去报到，起码在《楚辞》

中对南方的事也并未讲明，东北、西北的鬼的趋向，也没有谁来告知。

阎罗王与地狱

地狱是汉文佛经翻译家从梵语naraka或巴利语niraya意译而来的一个专名词。音译较多，有泥犁、泥犁耶、奈落、捺落迦等。另有几种意译法，如：不乐、可厌、苦具、苦器、无有，但都不甚通行。通常使用的就是"地狱"，其次用的是"泥犁"。

《立世阿毗昙论》卷六"云何品第二十"："云何地狱名'泥犁耶'？无戏乐故，无喜乐故，无行出故，无福德故，因不除离业，故于中生。复说：此道于欲界中最为下劣，名曰'非道'。因是事故，故说地狱名'泥犁耶'。"

我们必须注意的有两点：首先，释迦牟尼佛是在距今两千五六百年前创立佛教的，按世界佛教协会的认定，2011年是佛历2555年（按佛入灭之年起计算），可是，古代南亚次大陆鬼神的出现，包括地狱、阎王的出现，远远早于释迦牟尼佛出世。其次，佛经是为传布佛教教义而作，不是南亚次大陆神话大全。佛经中大量采用了神话，对各种各样的地狱和阎罗王的描述颇为纷纭复杂，使之为宣传佛教而用，但并没有完整清楚地溯源。应该说，一直到了20世纪中期以后，通过季羡林、金克木等位中国梵文、巴利文学者几代集体的努力。译出《摩诃婆罗多》等南亚次大陆古代神话，中国人才算对于地狱、阎罗王这些事有点儿门儿清啦。

笔者是这方面的外行，经过阅读诸多相关的翻译作品，并向北大东方学系系统的专家葛维钧、王邦维等位学长学习，得以大体上粗粗地勾画出地狱与阎罗王的早期神话轮廓，如下述：

阎罗，是梵语Yama的音译，汉译佛经中早期音译甚多，有"夜摩，阎魔，焰摩"等。阎罗王则是梵语Yamaraja的音加意译，又译作"阎魔王"等。在古代南亚次大陆神话中，他与孪生妹妹阎蜜（梵语Yamī的音译）共为地狱之主，称为"双""双王"。

有关与古代南亚次大陆"双王""地狱"相关的事，笔者曾向季希逋（羡林）老师的嫡传弟子葛维钧学长请教。葛大学长是《南亚大辞典》的常务主编。他指教说：阎魔在古代南亚次大陆神话中出身甚早，他和妹妹阎蜜，是太阳神毗婆薮（Vivasvat的音译）与女神娑琅优（Saranyu的音译）的孪生子女。算是最早的降到凡间的"人"。据早期相话巨著《梨俱吠陀》记载，那时似乎没有夜间，大地永远一片光明。可是没"人"。阎蜜表示，要与哥哥结合，生出人来。但阎魔不干。后来成没成，不敢说。因而，许多研究者认为，兄妹俩还是生育了人类，可称人类始祖。后来阎魔死去，到了冥间。阎蜜悲痛欲绝，诸神为她创造出黑夜，把她也送到阴间去了。他俩慢慢地成为冥界之王，一位管地狱中的男鬼，一位管女鬼。史诗《摩诃婆罗多》中记载，阎魔帐下有两条"四眼狗"，其职责有二：一是搜寻要死的人，二是护卫通往地狱之路。还有鸽子或说猫头鹰，传递阴阳界消息。阎魔的形象，晚期定格为绿面穿红袍，骑着一匹黑色水牛。他一手持"正义之棒"，一手持逮人的罥索即法绳。

以上是中国近现代研究者通过了解古代南亚次大陆神话等资料才比较全面地知道的情况。佛教经典传来的原始神话可没有这么多，但是特别纷坛杂乱，并加入了佛教说理的内涵。

试以集中凝聚了相关资料的早期佛教类书《经律异相》和《法苑珠林》为检索对象，大体上勾勒佛经中所述地狱的情况。总的说来，有如下与后来中国人发展了的地狱情况大不相同之处，这里仅提出颇觉有重要不同的三点：

一是，佛经中记录下来的地狱特别多，各个经典所述也颇有歧异。其中，按"十八""八（包括八的倍数'十六'）"分类的地狱特别多。文多不录，请有兴趣的读者自行寻览罢。应该指出，从建筑学角度看，这些地狱似乎形成散漫的平铺式，彼此间也缺乏统属关系和必然联系，而不像中国人发展了的地狱之十八层塔楼式，那可是以上压下，一层压一层的。还有笑话说，十八层地狱之下还有呢，那是给阎罗王挖煤的。不过，中国人所说的十八层地狱，也未见有什么地方过多地提起。恐怕是因为太复杂了。老百姓喜欢简单的事物。

二是，地狱的统治者，即阎罗王，好像至今尚未换届。他的妹妹与他将地狱分而治之，也不见有换届之意。

三是，不见有严密的阴曹地府种种设置与监管。从中国传统的繁复的文官制度（官吏制度）看，设置与设施远远不完备。

佛经中相关材料极多，还是请读者自己观览，最简捷的方法，就是先看看上面我们提出来的两部早期中国佛教类书。下面，仅仅提出一个佛经中的故事，看看中国人后来是如何将其暗中改造，使之合理，完善化：

《长阿含经》卷十九"第四分·世纪经地狱品"，几乎都是讲述地狱的事情的，文多不录。只录其中很奇特的与阎罗王有关的一段：

阎浮提南大金刚山内，有阎罗王宫。王所治处，纵广六千由旬。其城七重，七重栏楯，七重罗网，七重行树。乃至无数众鸟，相和悲鸣，亦复如是。然彼阎罗王，昼夜三时有大铜镬自然在前。若镬出宫内，王见畏怖，舍出宫外；若镬出宫外，王见畏怖，舍入宫内。有大狱卒，捉阎罗王卧热铁上，以铁钩擗口使开，洋铜灌之，烧其唇舌，从咽至腹，通彻下过，无不焦烂。受罪讫已，复与诸婇女共相娱乐。

袁枚《子不语》卷十六"阎王升殿先吞铁丸"条，明显地受到上一则故事的影响，但摒弃了中国人会提出疑问的内容。如，阎王和王宫中女性"娱乐"的内容被取消；"吞铁丸"的目的是防止审案时不公平。大铁锅的事与故事中心游离，也不见了。狱卒强迫阎王吞铁丸，改成判官请阎王自行吞服，等等。总之，让中国人觉得合理了，能够说得通了。此则文繁不录，请读者自行寻觅可也。

中国的地狱与阎王

中国的地狱，或者说是逐渐汉化并终于较为彻底汉化了的地狱，从治理地狱的角度则称为"阴曹地府"。带有明显的中国民族特色。阎王，也是中国化了的阎王。相关记录堪称汗牛充栋，但主要是通过大体上从三国直至"五四"运动前的志怪小说、笔记、传奇小说，以至它们根据的早期佛家的"感应记""灵验记"，以及宋元以来的各种戏曲、说唱故事、话本和拟话本、长篇讲史与公案小说等等，还有晚期释道两教与民间宗教等传道的宝卷、善书等等，铺天盖地般卷来，深深灌入人心。连正史和儒家也大受影响。至少说明了两点：

一是，中国人不拒绝甚至乐于、勇于接受外来思想，而且接受得快，并且常常不间断。从后汉时期开始，中国人翻译佛教经典一千多年。唐代许多宗教在长安等处表现出百花竞放百家争鸣之势，足为明证。各个宗教经过中国作家将其在不同程度上混合包装，又形成种种新的花样。例如，唐代传奇小说《柳毅》中，原由佛典介绍来中国的龙王与龙女（中国本土原无龙女），已经幻化成道教徒系统的中国天神模样，由中国的天帝管辖。可是龙王又在宫中请太阳道士讲《火经》（有的版本作"大经"，错了），又把拜火教、祆教等唐代盛行的宗教暗中插了进来。这是明显的一例。这就暗中说明：中国人以"中庸"的不偏不倚思想看待一切，不愿意看到佛教过于盛大，于是用其他宗教来中和佛教，也就是把其他宗教特别是道教的外衣披到原来属于佛教传来的事物身上，使之异化。

二是，中国人学习外来的思想与引进新事物很快，几十年就咀嚼消化，理解成熟，使之为我所用。并能较快地发现与中国现实格格不入之处，于是较快地使之汉化，民俗化。不需太久，外来的种种就不是原来的样子了。经佛教传来的地狱和阎罗王就是典型例证。

下面就主要依据上述各种文献，举例阐述。例证顺手拈来，但求说明问题，不追求溯源，也很难溯源，干脆想到哪条就说哪条。必须说明的是：中国人，特别是中原黄土地的汉族，原来想象力似乎不太丰富，造不出什么真正的小说，只有记录"街谈巷议"罢了。中国小说之突然发达，与佛教及其他外来宗教，特别是佛教大有关联。这已是不争的事实。这股劲头，大致到19世纪末大股西风吹来，西方长短篇小说大事流行，加以"赛先生"驾到，才算转移方向。

但是，我的朋友，中华书局李晨光同志从网络中查到：章太炎老先生自述有四个月夜间入阴间审案的经历。文繁不录，请有兴趣的读者自行寻觅吧。此则故事及与之相类的故事均证明：地狱和阎罗王之事深入中国人之心，爰及当代，微波尚传。

下面，把中国人改造了的地狱的特别中国化之处，提出几点来：

一、中国人是最富于线性思维的民族，而且擅于利用自己发明的中式纸笔墨砚和历本、账本等等，把此种思维历史化地固定下来，具体到年月日时，天干地支。这里面还掺合着阴阳五行等命定记数。中国的历史记录特别丰富，虽然历朝历代常常大量毁灭前朝的记录，可是下一代又来爬梳剔抉，意图恢复。中国古代的书籍越来越多。中国政府为了维持统治所作的各种各样的记录，什么簿籍、手实、籍账、户籍，也就是各个时代的形形色色的档案，叠床架屋，而且主要由小吏掌管。这些都在阴曹地府中有明确反映。阎王爷主要管判案划行，生死簿有判官掌握。人一生下来，功名利禄早已写定，但此后个人尚可发挥主观能动性，往或好或坏处发展。生死簿随时可以改动。中国人最注重的是福禄寿，也就是可以坐享的钱财、官爵、寿数，所谓"禄算"。中国人最关心的是"无后为大"，所谓"子嗣"。这些，生死簿里都有明确详细的记载。连动物都有生死簿记录，《西游记》中说，孙大圣把猴类的生死簿勾掉好多页，至今老猴中尚有许多老而不死者，足以证明。

二、中国人特别是中原地区的汉族，是世界上最爱吃最会吃最讲究吃的民族，生死簿中为此特别记录每个人一生的"食料""食禄"，吃够了才死，就是证明。这些，生死簿中都记得清清楚楚。为了省略繁琐的记录，更常常以代表性的重点食物为准。例如，唐朝至宋朝的人，习惯以猪肉为主食，羊肉为美食，其中大约包含有五胡乱华后种族融合中受到少数民族饮食习惯影响的成分。《归田录》卷一记载说，张齐贤"尤嗜肥猪肉"。宋代周煇《清波杂志》卷八"食料羊"条，载张齐贤事，亦见《能改斋漫录》卷十八"张相公食料羊"条，又说他是吃羊的，即以羊为主食的。此种同类事，今所见，唐代张读《宣室志》卷九所载李德裕禄籍当食万羊事，当为其滥觞。这二位大臣的食料之事，迭被引用，人所熟知，亦请读者自行寻览，不赘述。仅录少见的《夷坚丁志》卷十二"李妇食醋"一则：

世人饮啄之物各有冥籍。传记所载及《丙志》所书"材义弟妇猪肉"（化文案：见于《夷坚丙志》，请参看）皆是也。泉南为海错荟观之地，杯盘之间非醋不可举箸。李氏一妇独不能饮涓滴。其弟因梦入冥对事，临放还，过廊庑诸曹局，见门上榜曰"食料案"，就视之，正得泉州一簿。白吏，借检视，于女兄之下，每日所食纤细悉具，但无"醋"字。乃取笔，书"醋半升"三字。及寤而病瘳。女兄自是日遂啖醋如常人。

三、阎罗王有更代，这也是与中国政府从皇帝到各级官僚有更替、换班一致的。与南亚次大陆的阎魔与阎蜜统治至今大不相同。笔记小说中所载，做过或权且代理过阎罗王的甚多，指不胜屈。如，韩擒虎、包公都担任过此职。不赘述。其中甚至包括阳间活人之能够"入阴"者，《聊斋志异》卷三"阎罗"一则中的"李中之"，就是"每数日，辄死去，僵然如尸，三四日始醒"。"时邑有张生者，亦数日一死。语人曰：'李中之，阎罗也。余至阴司，亦其属曹。'""其门殿对联俱能述之。"

四、因缘中包括姻缘。这倒得多说几句。将姻缘看作重要的因缘中之一种，佛教经典中早有明确反映。典型例证是，本生经中有相当多的故事讲的是释尊与在俗时的妃子

（一位，有的故事中是两三位）结婚并诞育一子的事。季希逋老师曾重点讲过，说用这么多故事来证明释尊结婚生子乃是宿世前缘，藉以对信徒解释，可见，初立教时此事乃信徒追问的重点之一。其实，中国人对此并不太在乎，婚后生子再出家的有的是。可是，古代南亚次大陆的人当时可能很看重，但他们的解释太老实，甚至说，释尊为太子时逾城出家前，怕有人说他"不是丈夫"，所以留下后代。中国人则发展出如敦煌遗书中的《太子成道经》（通俗文学作品），说太子成道那一夜，临走时用马鞭往妃子肚皮上一指，就孕育了。这可是中国人的创造，不直接涉及性事，远胜南亚次大陆老老实实的原作。至于一般人的姻缘，唐代传奇小说家李复言《续玄怪录》中有"定婚店"一条，创造出"月下老人"以"红绳系足"的姻缘自古从天定的说法，总括一切人类婚姻大事，这是脍炙人口的故事。原故事是发生在北方地区宋城（今属河南）的，不知为什么清代的西湖月下老人祠堂最为著名。不过，大家忘记了月下老人更应有配偶，后人有《西湖月下老人祠》诗云："辛苦系绳怜月老，一龛独守对西湖。"后来有人予以补救，办法是，把十二花神乃至二十四番花信花神和月老合供一祠，但是，听说月老也还只是一位，供在当中，以示尊崇罢了。汤显祖《牡丹亭》中"游园惊梦"一折，红丝系定的男女婚前青天白日下花丛中先行"性事"，演出时用花神来作遮羞布，良有以也。

后来发展到连出轨行为也有专门的神道管理，是为"露水姻缘之神"，清代袁枚《续子不语》卷一有专条以记之。文繁不录，请有兴趣的读者自行检视。要注意的是，这些唐代以来的传说，已经没有一点佛教的气息了。中国人利用外来思想并迅速挪移变化之，真是可惊。更应注意的是，这些已经完全民族化、民俗化与俗文学化了。

五、中国人，特别是读书人，十分敬重文字以至由此衍生出的书法、绘画、印刷术，还有书籍等。敬惜字纸的古训一直作为美德被保留并执行。据说阴间同样重视，积下此种阴骘，有"延寿一纪"等奖项。拙作《敬惜字纸》一文中所论较详，请参阅，不赘述。

六、中国人"以农立国"，十分重视耕牛。无故杀牛遭报应。相关的记录极多，亦不赘述。

七、中国人特别是读书人，最爱耍弄汉语汉字中的各种修辞学把戏。可从两方面来说：

一是，明清以来，如阳间的宫殿衙门一般，把阴曹地府都给挂上匾额、悬上对联。例如，手头一部《北京东岳庙楹联匾额注释》（中国书店2005年版），地府七十六司楹联匾额齐备，可供参阅。阎王殿的通用匾额是"森罗宝殿"，《西游记》中屡见，几乎成为地府的代词。《儒林外史》第二十八回中，那位神吹的辛先生甚至说："阎王要盖'森罗宝殿'，这四个字的匾，少不的是请我写，至少也得送我一万银子。"但是，和地府开这种玩笑，了不的。说不定阎王爷要找他的后账呢！

二是，利用汉语修辞学的"双关""谐音"和想象等手法，创造出"望乡台""奈河（何）桥""孟婆（当是从苏东坡贬谪海南时的"春梦婆"化出）庄""黄汤（中国黄酒化出）"等等词语。至今深入人心。清代沈起凤《谐铎》一书卷八中有"孟婆庄"一则，创造性地历数孟婆酒店内酒的品种，哪样都够您喝一壶的。文繁不录。

佛道二教在地狱管辖权方面的明争暗斗

佛教引来了地狱、阎王，在其汉化过程中，自然要保卫所有权。从历史过程看，做法主要有三：

一是，编写出《阎罗王受记劝修七斋功德经》一卷，别名好几个，不列举了。此经明显地是中国人伪托，属于"伪经"，所以历来不入中国历代的《大藏经》，倒是日本人所编的《卐字续藏》收纳了。此经有三种文字间有差异的本子，其中带赞文的本子尾题作《佛说十王经》，当代研究者一般用此简称。敦煌遗书中所出附有插图的写本最为著称。此经的特点是给出地狱十王的名讳及其按时间推移审案的顺序。在地狱、阎罗王研究中影响巨大。杜斗城教授著有《敦煌本〈佛说十王经〉校录研究》（甘肃教育出版社1989年出版),十分全面,请读者参看。

《十王经》中国宋代以下的民间祭奠中颇有影响。此经的缺点是,把地府的审案过程弄得复杂化,十王也似乎平起平坐,不相统属。老百姓也记不住那么多王和衙门,搞不清他们是办理什么案件的。于是,一般的都只是推阎罗王出来,别的王起码是退居幕后了。

二是,大体上自南北朝开始,佛教信徒推出"灵验记""感应记"等故事,一般附于正规的经文之后。杨宝玉同志《敦煌本佛教灵验记校注并研究》(甘肃人民出版社2009年出版)一书,除了对敦煌遗书中的写本集中起来加以研究外,对此类故事的早期情况也有所探讨,实为这一选题研究中之巨擘。建议读者自行寻觅。后来的善书等读物更加推波助澜,窃以为,其影响更大于《十王经》之单兵独立作战。

二是,佛教推出"地藏王菩萨"为地狱之主者。地藏菩萨的主要经典依据是《大集地藏十轮经》,唐代玄奘译本;《地藏菩萨本愿经》,唐代实叉难陀译本。但在汉化佛教中,逐渐发展出《地藏菩萨发心因缘十王经》《地藏菩萨经》(仅存于敦煌遗书中,只有二百多字)等本土性质极强的经文,正统的佛教信徒认为是"伪经",但在民众中潜在影响极大。加以中国人不甚愿意奉碧眼胡僧为主者,于是,以"同文同种"的朝鲜王子金乔觉为地藏化身,以九华山为其根据地。地藏与十王如何分工？较原始的说法有把地藏和阎罗王合二而一的，未免降低了地藏的身份。后来习用的排列是，地藏居中，十王列于两侧。地藏不怎么管具体的判案的事，仿佛最高法院兼检察院的政委，十王则是各院院长。

也有跟地藏王寻开心的，《二刻醒世恒言》第五回"栖霞岭铁桧成精"，说秦桧、万俟卨死后，还想在地狱中弄权，计议说，"地藏王菩萨，他位在十王之上，慈悯为心，不忍睹地狱中事，时时闭目，岁只一开，开只一日。我与你得作他判官，可以阴弄地府之权"。当时地藏王府左判曹操，右判王安石，将及瓜代。秦桧、万俟卨二人贿赂曹、王，得以继任，大事弄权。那一天地藏王睁眼了，才将秦桧、万俟卨二人查办。看来，这则故事反映地藏王实在是不怎么管事，即使不是对立面造谣，也不起好作用。《说岳全传》中暗中反击，说地藏王扮成疯僧，早把秦桧给办了。

东岳大帝

道教事事与佛教竞

争,从《十王经》看,世俗化的十王掌权,即使不算纯道教系统,也得算中国本土神灵。中国中原向来是文官政府组织的早期示范性代表,阎罗王系统典型的中国文官政府化,怎么也不能算是舶来品吧!佛教的影子很淡。把江东基业拱手让人,这是佛教的失算。但是,道教就不应该过分追求道教化,偏得引出"酆都大帝"(对应传统的"东岳"与佛家的"地藏王")"十殿冥王"(别立名目),这些都见于《道藏》中的《元始天尊说酆都灭罪经》等道教经典。明代中期是奉祀道教神灵的极盛时期,甚至在泰山山麓建立奉祀酆都大帝的庙宇,俗称"阎王庙",有嘉靖壬戌(1562年)所立《重修酆都庙记》,载于《岱史》卷九。

不过,道教过于追求本体化与本土化,甚至为了与佛教有所区别,给十殿阎王另外起名,这些名字颇有点雅致化,而且缺乏相应的如佛家灵验记那样的辅佐,因而不能像《十王经》等那样深入人心。可见,民俗化、俗文学化是最容易民众化的。艰深与雅致在群众中不太能够推广。

东岳的迁化

东岳治鬼的职责,自地狱、阎王等观念传入,逐渐淡化。其处理方式,约有数端:

一种说法是,据华光寻母(自汉化的"目连救母"化出,隐含佛道争胜成分:你有什么故事,我也要有什么类似的)故事编成的《南游记》(明·余象斗著),写华光寻母,找到老根据地东岳。此书卷四"华光闹东岳庙":六曹禀曰:"我这里只是人死了,在这里点名。却是阴司收管。"把东岳和阴曹地府区分开了。

东岳庙祀东岳,从渊源上追溯,应该祀"天孙"。天孙是谁?《神异经》中载明他的谱系:"昔盘古氏五世之苗裔曰赫天氏,曰胥勃氏,曰立英氏,子曰金轮氏,弟曰少海氏,妻曰弥轮仙女,夜梦吞二日,觉而有娠,生二子,长曰金蝉氏,次曰金虹氏。金蝉氏即东岳帝君也。伏羲氏封为古岳太华真人。至神农氏,赐天符都宫号。至汉明帝,封太山元帅,掌人世居民贵贱高下长短之事,十八地狱六真簿籍,七十二司生死之期。"唐代武后封之为"天齐君",玄宗封为"天齐王",此后一直延续"天齐"封号,并不断加封到清代,封为"天齐仁圣大帝"。民间简称"东岳大帝"。可是,东岳究竟是谁,随着时代的发展,言人人殊。有的由儒家读书人奉旨撰写的碑文中,干脆躲开不谈。明代立于河南登封的《五岳真形之图》则说:"神姓岁,名崇。"民间可记不住这些难于稽考的事,转向俗文学中求答案,并且踵事增华。北京的东岳庙,十分世俗化,俗文学化,以《封神演义》等为据,大大地发展起来。说,东岳大帝就是武成王黄飞虎,连他的第三个儿子,管领三山正神炳灵公黄天化也拉入庙中。其实,"炳灵公"的称号虽已在宋代御封,但只说他是天齐的儿子,没提行几,也没提名字。这些,主要在《封神演义》等小说中全给补齐了。东岳庙里立阴曹地府七十六司,把地狱与阎罗王的工作全都纳入,而且分工细密。还仿效佛家有观世音菩萨总理一切世间事宜特别是妇女之事的前例,立东岳之女为"碧霞元君",救苦救难,送子育儿,兼管海上风涛之险(大约因邹鲁居"海滨"之故),因而给她单独立庙,香火超过东岳。这都是民俗化之结果。把地狱、阎罗王与东岳,在某种特殊的庙祀中混同了。

酆都城

六朝时的葛洪著有《元始上真众仙记》,提出"五方鬼帝"治五方之鬼的说法。葛洪是绝口不谈佛家之事的,但是,我们怀疑,他暗中受到地狱思想的影响,顺时而进,不拘守仅仅是东岳治鬼之说。他说:"北方鬼帝治罗酆山。"陶弘景的《真灵位业图》则于神阶"第七中位"排出"酆都北阴大帝",并且说,大帝是"炎帝大庭氏",讳庆甲。南宋以来,逐渐以四川(今属重庆市)的酆都比附之,较早的如范成大《吴船录》中就有所反映。北方大帝的治所就从罗酆山慢慢地转移到阴曹地府酆都城。南宋的笔记小说如《夷坚志》中迭见相关记述。今略引两条。《夷坚志·支癸》卷第五"酆都观事"条：

> 忠州酆都县五里外有酆都观，其山曰盘龙山，之趾即道家所称北极地狱之所。旧传王阴二真君自彼仙去，未尝为兵戈践暴，故多古迹。晋唐五代乾竺殿犹在，吴道子画壁，丹青如新。

《夷坚丙志》卷九"酆都公使"条，载林义为酆都宫使事；《夷坚志补》卷一"续酆都使"条，亦载黄经臣亦为酆都宫使事。文繁不录，请读者自行寻检可也。

值得注意的是，阴曹地府为什么在南宋时迁移至酆都？窃以为，这与南渡有关。分别供奉四大菩萨的四大名山中之两座，五台山、九华山都已属金，祭奠无从，江山半壁倍凄凉！普贤菩萨的峨嵋山、观世音菩萨的普陀山，香火便益发鼎盛起来。阴曹地府的办公地点也必须转移，"中原多故，剑内少安"。于是，慢慢地酆都城就成了新的地府。这与抗战时重庆成为陪都是一样道理。

最后，引清代两条材料，说明酆都城的地位已经巩固，不可动摇了。

《聊斋志异》卷四"酆都御史"条：

> 酆都县外有洞，深不可测，相传阎罗署。其中一

切狱具，皆借人工。桎梏朽败，辄掷洞口，邑宰即以新者易之，经宿失所在。供应度支，载之经制。明有御史行台华公，按临鄠都，闻之，不以为信，欲入洞以决其惑，众云不可。公弗听，乃秉烛入，以二役从。入里许，烛暴灭。视之，阶道阔朗，有广殿十余间，列坐尊官，袍笏俨然。惟东首虚一座。尊官见公至，降阶而迎，笑问曰："至矣乎？别来无恙否？"公问："此何处所？"尊官曰："此冥府也。"公愕然告退。尊官指虚座曰："此为君坐，那可复还。"公益惧，固请宽宥，尊官曰："定数何可逃也！"遂检一卷示公，上注云："某月日，某以肉身归阴。"公览之，战栗如濯冰水，念母老子幼，泫然流涕。俄有金甲神人，捧黄帛书至，群拜舞启读已，乃贺公曰："君有回阳之机矣。"公喜致问。曰："适接帝诏，大赦幽冥，可为君委析原例耳。"乃示公途而出，数武之外，冥黑如漆，不辨行路，公甚窘苦。忽一神将，轩然而入，赤面长髯，光射数尺。公迎拜而哀之，神人曰："诵佛经可出。"言而已去。公自计经咒多不记忆，惟金刚经颇曾习之。乃合掌而诵，顿觉一线光明，映照前路。偶有遗忘，则目前顿黑，定想移时，复诵复明；乃始得出。其二役，则不可问矣。

《子不语》卷一，"酆都知县"条：

四川酆都县，俗传人鬼交界处。县中有井，每岁焚纸钱帛银锭投之，约费三千金，名"纳阴司钱粮"。人或吝惜，必生瘟疫。国初，知县刘纲到任，闻而禁之，众论哗然。令持之颇坚。众曰："公能与鬼神言明乃可。"令曰："鬼神何在？"曰："井底即鬼神所居，无人敢往。"令毅然曰："为民请命，死何惜？吾当自行。"命左右取长绳，缚而坠焉。众持留之，令不可。其幕客李诜，豪士也，请令曰："吾欲知鬼神之情状，请与子俱。"令沮之，客不可，亦缚而坠焉。入井五丈许，地黑复明，灿然有天光。所见城郭宫室，悉如阳世。其人民藐小，映日无影，蹈空而行，自言"在此者不知有地也"。见县令，皆罗拜曰："公阳官，来何为？"令曰："吾为阳间百姓请免阴司钱粮。"众鬼啧啧称贤，手加额曰："此事须与包阎罗商之。"令曰："包公何在？"曰："在殿上。"引至一处，宫室巍峨，上有冕旒而坐者，年七十余，容貌方严。群鬼传呼曰："某县令至。"公下阶迎，揖以上坐，曰："阴阳道隔，公来何为？"令起立拱手曰："酆都水旱频年，民力竭矣。朝廷国课，尚苦不输，岂能为阴司纳帛锭，再作租户哉？知县冒死而来，为民请命。"包公笑曰：

"世有妖僧恶道，借鬼神为口实，诱人修斋打醮，倾家者不下千万。鬼神幽明道隔，不能家喻户晓，破其诬罔。明公为民除弊，虽不来此，谁敢相违？今更宠临，具征仁勇。"语未竟，红光自天而下。包公起曰："伏魔大帝至矣，公少避。"刘退至后堂。少顷，关神绿袍长髯，冉冉而下，与包公行宾主礼，语多不可辨。关神曰："公处有生人气，何也？"包公具道所以。关曰："若然，则贤令也，我愿见之。"令与幕客李，惶恐出拜。关神赐坐，颜色甚温，问世事甚悉，惟不及幽冥之事。

这两则故事似乎同出一源，早先口头流传，写定时就产生各异的版本了。注意：前一则提到《金刚经》的效用；这两则还都暗中显示出三教在其中的或多或少的共同作用。

总之，中国的阴曹地府与阎罗王，源出佛典，成于民俗与俗文学，有明显的三教合流成分。

（原载于《文史知识》2011年第11期85—93页（上）、第12期80—84页（下））

《史记》闲谈

之一：开场白，司马相如与卓文君

开场白

最近，电视界拍电视剧，出版界出书，显露出一些热点。有"戏说"，有"正说"。电视剧《汉武大帝》开播，众人议论纷纷，有褒有贬。我看，这个剧既非脱离史实的"戏说"，也不是严格地照搬历史记录的"正说"。而是一种以史书为依托的，有大量文学性质的创造的，企图从当代化的政治与从属于政治的军事等角度剖析的"政说"。与其说它是历史剧，还不如说是"政治剧"呢。

《文史知识》编辑部向来与时俱进，也想让读者听听我们的声音。为此，还召开了历史系统的编委座谈会。会上分派任务。我自告奋勇，来与敬爱的读者"闲谈"。

照下走的理解，这种"闲谈"，就是在史书所载的史实的基础上。谈谈个人的认识与理解。它是一种夹叙夹议的针对史实的议论,以及对某些文字的个人理解的陈述。

所谈的是我个人的议论么?唯唯,否否,不然。几十年来,我读过一些书,听过师长、高贤的讲论,其中许多溶化在我的脑海中。现在闲谈的,究竟有哪些是别人的高论,实在记不清楚啦!您要是发现哪些论点是前人的,您就认为那是下走的根据或由来便了。像是布置一间房子,桌椅、沙发全是采购来的。安排摆设却是主人的意匠。兴许大门后挂着一块小黑板,写有备忘录,那更是房主人即在下的手笔啦。我做的工作约略如是。好在这是闲谈,并非写论文,也就不注出处啦。许多"出处",我也想不起来喽。

下走十二万分钦佩司马谈、司马迁父子。我认为,至少有两点可以提出来谈一谈:一点是,他们父子,姑且让司马迁当代表吧,思想十分先进,远远领先于时代。即以妇女观为例,用《左传》来参照对比,可以看出,《左传》中表扬的女性,差不多都是遵守礼教的。再用南宋以后出现的小说《水浒传》《三国演义》等来对比,那里面礼教的成分恐怕更加浓烈。《水浒传》里的女性不是荡妇、交际花,就是母夜叉、一丈青之类人物。《三国演义》表彰的是节烈妇女,但也着墨不多,如糜夫人跳井、孙夫人投江,全是一带而过。直到《红楼梦》出来,局势大变,与《史记》先后辉映焉。看《史记》中写得熠熠生辉的,像如姬、虞姬、寡妇清、卓文君，都是警顽立懦的光辉形像。《史记》中思想先进之处当然不止妇女观这一点，此后闲谈中遇到就提出，向读者请教。

另一点是，正如鲁迅的评价，《史记》是"史家之绝唱，无韵之《离骚》"。《史记》是带有浓厚感情色彩的伟大作家的不朽创作。它的倾向性十分鲜明。它很能感染读者、影响读者。同时，《史记》又是一部谨严的史书，不虚美，不隐恶，并且大量使用"互见法"（姑且不去考证这是不是《史记》的创造），在一定范围内映像出许多人物的某一种正面或侧面。读者，特别是刚出道的血气方刚的读者，很容易受到情绪感染，被《史记》某些"本传"中所写传主的形像牵着鼻子走，而忽略了其他地方的"互见"。那可不是全面理解《史记》之伟大的好办法，更不是正确了解《史记》中所写人物的好办法。

我们读史，特别是一些带有文学气质的青年同志读史，有时会受到后人评价的左右。"咏史诗"和某些史评就很起这种作用。岂不知，"咏史诗"常是借古人的酒杯，浇自己的垒块。史评呢，如司马光在《资治通鉴》中发的一些议论，那是在冲皇帝说话呢！对其中有代表性的，我们也将提出，予以评议。这也是闲谈的一种"佐料"，俾使之起点调和作用，避免清汤寡水焉。

古人经常"用典"。典故，有其极大片面性，只强调对其有用的某一方面。而且有正用、反用等等用法。用来用去，人们也就忽略它的本根了。如果返回头来，用以证史，常常发现不完全是那么一回事。对用典的有关剖析，我们也将作为一种"佐料"，资为谈助。

笔者不是学历史的，敢于闲谈，只因为这是"闲谈"而已。自知在许多方面一定露怯。但因忝为编委，作了过河卒子，只能努力向前。下走还想挑动读者来参与，您读后定有指导性意见，投稿共建"闲谈"，那该多好！不过，编辑部掌权诸公是不是听我的，很难说。您要是贸然参与，落一个"没有下文"，朽人唯有一掬同情之泪罢了！

说罢开篇，闲谈开锣！

"只典征袭不典琴"

《史记》七十列传，备述上古至武帝时不入世家的英雄豪杰之士的生平。有如一幢七十个单元房的塔楼，住进千百户，里面够拥挤的。因而，合传甚多。老子、韩非合传，屈原、贾谊合传，卫青与霍去病合传，等等，不一而足。可见房产有限（为何有限，将来有可能时会提出个人见解），单元不够分配，只可合住。偏偏给司马相如单独立传！这是为何？《汉书》基本上照抄《史记》，因为此传实在太长，竟然分成上下两卷，为什么也给司马相如如此"宽绰"的待遇？要知道，《汉书》不总是听《史记》的。《汉书》废去"世家"，"项籍"（《史记》称其字"项羽"，以示尊重）跟在陈胜后面，合传了。张良、陈平、王陵、周勃外加周亚夫也挤到一起啦！有关此问题，笔者在有关司马相如的"闲谈"的末尾，要说说自己的想法。

《史记》《汉书》中，司马相如传的结构基本相同，都是叙述一段司马相如的行事，接着就抄上一大段相如的文章。有的还是全文照录不误。列举如下：

与文君恋爱事→《子虚赋》与《上林赋》→为郎→《告巴蜀太守》→建节，为中郎将→《告蜀父老》→失官，疏谏→奏赋论二世行失→《大人赋》→归卧茂陵→《封禅书》

大体上可以说是《史记》创始的这种"大量征引法"，为后世史官所沿袭。只是因时代不同，引录的内容有异而已。今姑以《史记》所写的为据，逐步解析。

司马相如是成都人。"地理决定论"是不正确的，至少是不准确的，特别到了当代旅游大发展的时代，更不能说明地理对人们的绝对性作用。可是，笔者始终相信，特别在交通困难的古代，乡土地理对人们肯定起着相当大的影响。"锦江滑腻峨嵋秀"，蜀中，包括三峡地区，是生产浪漫文人与女郎之地，从文君与相如，昭君，李白，薛涛，苏轼，直到郭沫若，此中山水，滋养培育了无数才人。杜甫入蜀，诗才大长。陆游入蜀，也要自问："此身合是诗人未？细雨骑驴入剑门！"其中，文君与相如堪称老前辈矣！"琴挑"故事，千古艳传，此后的才子佳人小说戏曲中，不断出现使用弦乐器如琴、筝等表达爱情的情节，可以说都源自相如之"垂范"。

  司马相如原名"犬子"，似乎是小名。《史记》揭老底，多少有点调侃。司马相如慕蔺相如之名，因而自己更名相如，显见他少年时有立朝建功思想。他果真离开成都，到长安去，那是汉景帝时期。他可说出道甚早。入仕办法是"以訾（赀，资）为郎"。关于郎官在汉代官职中的重要性和"以訾为郎"的内涵，建议有兴趣的读者参阅《秦汉官制史稿》（安作璋、熊铁基著，齐鲁书社1984年出版）所附王克奇《论秦汉郎官制度》一文。简言之，"以訾为郎"就是，只要够的上"大款"，就有为郎的资格。计算家庭资产，景帝后元二年（公元前142年）以前得在"十万"以上，后元二年下诏说，"四万"以上就行。可是，当选的人必须自备鞍马、服装（绛衣等）、兵器（玉具剑等）等等，需要高价购置的设备不少。王克奇先生结算了一笔账，所费不赀。大约得在两三万以上。笔者在此补充：此后的经常性花费也少不了，服装旧了得换装，马匹老了得换马，等等。《汉书·张释之传》中记载说，张释之仗着二哥有钱，当上了"骑郎"，十年之中，赔累不堪，想辞职。这就是明证。司马相如入仕为郎在后元二年之前，家资必在十万以上，可是，经过长途跋涉到长安，再有种种花费和经常性挑费，八成已将钱财耗尽。加以他擅长的辞赋这一套，景帝不太欣赏。相如只好趁爱好文学和游说之士的梁孝王（谥，非生时称呼）来朝时，跟着梁孝王走啦。可是，他在客卿中是迟到者，不免受挤兑。邹阳还看出相如有点好色和浪漫派的毛病。相如以辞自解。证以后来相如在临邛玩儿的那一套，邹阳的看法不是没有一点道理。

梁孝王"薨"了，相如只好回老家，资产用尽，"家徒四壁立"。临邛县令王吉是相如的好友，给他出主意，并且当"托儿"，演出一场千古艳传的把戏的头一折。第二折就是卖酒、文君当垆（"垆"是砌就的酒店门首的土柜台，今日已成文献常识）。从文君来说，大小姐抛头露面，还跟着一个穿小裤衩的（汉代男女平日没有穿内裤的，光穿游泳裤衩形的犊鼻裈，那是表示穷到没有衣裳穿啦），连最低的脸面都不要了，可说是作出最大最大的牺牲。相如想出这条毒计，逼迫卓王孙摊牌，简直要无赖了。这一招果然奏效，相如与文君于是"归成都，买田宅，为富人"去矣！

《史记·货殖列传》中只提到"卓氏"家族是冶铁业的巨擘。卓王孙的名字，却是在司马相如传中反复提起。司马迁经历人情冷暖，对富贵贫贱交情乃见之类的事写来翰墨淋漓。他写卓王孙被迫分财产给文君的无奈；写相如为中郎将出使衣锦荣归时，卓王孙"喟然而叹，自以得使女尚司马长卿晚,而厚分与其大财,与男等同"。真是笔酣墨饱,为知识界扬眉吐气。估计太史公写这段恋爱史实,真意在此。卓王孙还是仗着女婿,才能既传姓又留名的。他比王勃《滕王阁序》中只传姓未留名的"都督阎公"幸运。有人说啦,只传姓也够幸运的:"阎某能传,仗书生一序。寄语东南宾主,莫轻觑过路才人!"

中国古代许多恋爱故事,多从"琴挑"脱胎,盖无疑义。唐代的李商隐辛辣地指出琴音的决定性作用:

君到临邛问酒垆,近来还有长卿无?
金徽却是无情物,不许文君忆故夫!

(《寄蜀客》)

玉溪生的诗,我以为此篇实系败笔。美满姻缘的锦帐中钻进一个死鬼来,令人毛骨悚然。可见,过于追求新奇翻案,未必有好效果。不过,音乐,特别是弦乐器在恋爱中的作用,经此反弹式吓唬,其效果益加明显矣!!

弦乐器在中国男女调情中的重要性,无论怎样强调也不过分。清代的黄仲则(景仁)赋诗言道:

文园渴甚兼贫甚,只典征裘不典琴。

(《绮怀》)

用典难免不周恰。似应指出：相如为文园令时，虽然糖尿病已近晚期，但也早已"与卓氏婚，饶于财"了。《西京杂记》所记"以所着鹔鹴裘就市人阳昌贳酒，与文君为欢"，早成往事矣！再说，琴挑用的琴，《史记》和《汉书》中只记有"临邛令前奏琴曰……"，《汉书》颜师古注："奏，进也。"琴的所有权并未明说。有那钉坑凿死的考证家，就说恐怕不是司马相如自备。甚至于有人说，那是临时从卓文君那里借来的。故事情节更加浪漫化了。

寂寞相如卧茂陵

"文章西汉两司马"，司马迁的主要作品是《史记》，另作别谈。司马相如以辞赋见长，用辞赋进身。咱们先谈谈辞赋。

《文心雕龙·诠赋》中，以简明的言辞，把赋的特点讲得一清二楚，真乃大手笔也！下走为了闲谈，试用咱们的言语阐释，实在是事到临头没有办法。建议您听完我这一套，赶紧找《文心雕龙》细读，以便纠谬便了。

刘勰说："'诗'有六义，其二曰'赋'。赋者，铺也。铺采摛文，体物写志也。"又说："赋自诗出。""写物图貌，蔚似雕画。"一是强调赋的文学性质，二则说明赋的特点是铺开来说,所谓"赋,铺陈也"。三是说赋讲究文采,重视语言的运用,需要花说柳说才行。四则赋中不尚空谈,要具体描述天地万物的形象,特别重视形象性。五是抒写情怀,曲终奏雅。需要补充说明的是,司马相如在辞赋中,最善于使用问答议论的结构形式,即,安排几个人,常常是子虚乌有之辈,各说各的,进而讨论或辩论。或者主客问答,有似衙门或法院过堂。说起来就是一套一套的长篇大论。极可能是由刘向父子以至葛洪"递修"的《西京杂记》卷二中记载司马相如自述作赋的经验,说:"合綦组以成文,列锦绣而为质,一经一纬,一宫一商,此赋之迹也。赋家之心,苞括宇宙,总览人物。斯乃得之于内,不可得而传。"可以说,他主要讲的是后代称为"大赋"的创作经验。研究赋,特别是汉赋的专家一致认为,司马相如是汉赋特别是大赋的代表作家,后来的大赋作者都在模仿他,但没有人能超过他。

  作家与他的时代密不可分,相辅相成。没有盛唐,就产生不了王维、李白、杜甫。没有文景之治以至武帝的雄才大略出现的大局面,也就不会有司马相如这样的大手笔。唐代温庭筠《车驾西游因而有作》一诗,固然是借古讽今感伤不遇之作,可也点出汉大赋特别是司马相如大赋的时代特色:

  宣曲长杨瑞气凝,上林狐兔待秋鹰。

谁将辞赋陪雕辇，寂寞相如卧茂陵。

首句描摹汉宫春晓，瑞气万千；次句抒写皇苑秋猎，车骑将临。既说明大赋写作的主要对象，又透露出对这种大赋的需要。中国政治家早就明白，正如萧何对刘邦所说："天子以四海为家，非壮丽无以重威。"笔者前些年曾在北京接待一位自祖国宝岛来参加会议的专家，闲谈中，以老北京人的身份，问问他对北京的观感。没想到，他的回答是："从飞机上看，北京真不愧大国的首都。台北不过小省会而已。"笔者蓦然想到，皇都壮丽，地大物博，人才辈出，对巩固政权与震慑外敌的重要性。歌咏这样的九重阊阖、万国衣冠，既是时代的需要，也是作家的责任。

创作大赋不是一件容易的事。十年作赋并非夸大。在尚无类书和各种专门性辞典的情况下，需要作家自己长期积累资料。反而是一般人拿大赋当辞典使用。大赋作家要有语言学、文字学、博物学和天文、地理等多方面的知识，又要有高度的文学修养与出色地驾驭语言文字的能力，实在是一身而多任焉。比较前后的作家与作品，司马相如极为出色当行，起了典范作用。他的地位，有如后世书法界的王羲之。武帝答复大学问家淮南王刘安的诏书，要让相如"视草"，可见他的水平与受重视的程度与原因。

但是，相如终于归卧茂陵（相当于今中关村一带，英杰聚居之地）。温庭筠诗中以相如自比，很为不能陪侍君王而自伤，这是因为他没有怎么伴过君之故。料想相如的想法，定然与之大不相同。

前面提到过，司马相如慕蔺相如之为人，因更名相如，定有建功立业思想。他的最大实践是出使蜀中，打通西南夷。这工作完成得还算凑合。这项影响中国后来版图的建议是相如提出的，从中国历史上看，相如很有战略性政治眼光，起了极好的作用。过去常常仅仅把相如看成文学侍臣，那是评价过低了！

可是，封建宫廷中对待新事物新设想新举措，总是七嘴八舌，有求全之毁。加上武帝对相如不一定放心，给他派了三名副使。这也许因为相如口吃，不便于当众宣诏之故罢。加上出使打通的效果当时也不能立竿见影。奉使归后又让人告了"受贿"一状，丢官罢职。看来，相如是聪明而又小胆之人，这次受的教育不小。

武帝大约主要还是把相如当作文学侍从之臣。可是，宫廷中的事，千变万化，波谲云诡。皇后陈阿娇失宠，偏要请相如作《长门赋》，大约估计别人作的武帝不一定浏览罢。笔者以为，相如不敢得罪的，主要是阿娇的母亲。观乎皇后被废以后，武帝还去拍拍姑妈和她的姘头，可见这位长公主在朝内余威尚在。可是，谁也没有料到巫蛊案发，这在当时可是最大的反叛案件。皇后被废，受牵连挨刀的人论百成千。仗着武帝还算明白，不然的话，扩大化一点，比如追寻"谁为皇后给文君递送千金取酒？"相如兴许就说不清楚了。相如一定吓坏了。估计他从此退隐茂陵，此后，"未尝肯与公卿国家之事，称病闲居，不慕官爵"矣！他终究是个聪明人呐！

"茂陵他日求遗稿，犹喜曾无封禅书！"

这两句是赵宋"妻梅子鹤"的孤山处士林逋《自作寿堂因书一绝以志之》一诗中的两句。意思是，不给皇帝拍马，不会鼓动皇帝去做劳民伤财的无益之事。林逋自有怀抱，这样写未为不可。可是，论到他使用的典故，咱们就得说道说道啦。

司马相如岁数越来越大，糖尿病自我感觉越来越重，考虑后事。他聪明，知道武帝爱读他的文章，于是留下一篇遗稿。这遗稿并非风花雪月之事，而是所著大赋的延伸，是一项政治性重大建议。这就是千古文人争讼该不该那么办的"封禅书"。

封禅诚然劳民伤财，但是，此事在中国古代社会中的巨大政治作用不宜低估。它宣示政权巩固，特别证明最高统治者是"真龙天子"。它是一次朝野上下的大游行大练兵大庆祝。它显示国泰民安，士马精强。它震慑四裔外夷，使之不敢妄动。司马相如提出的，是又一项战略性举措。一个人一生中能提出两项战略性举措来，此人的眼光绝对高出侪辈。蔺相如一生中也不过就干过两三件漂亮的大事，如此看来，二人名相如，实际上也是相如的呀！司马迁为司马相如单独立传，我想主要着眼点在此。当然，此传也可看成相如与文君合传。但如果没有相如的文才与胆识以及由此发展出的文章、事业，光靠和文君搞恋爱，是撑不起这篇传的呀！

封禅，经常被文士訾议。其实，这个问题要辩证地看。看是谁封禅，在什么时候封禅。《资治通鉴》卷第一百九十四，贞观六年（632年）中，记载唐太宗与魏征关于封禅的讨论，就很有代表性。魏征的意思是说，以唐太宗的功业，够封禅的资格。但必须等一等，等进一步国泰民安，全国生产大发展，夷狄宾服。要让来观礼的外国人看到我国经济发达，人民富庶；士马强盛，武器精良先进。那就可以举行封禅大典了。魏征没有说的是，封禅的效果必须在此后的一段时期中显现出来，那就是太平盛世的大好局面。我们似应指出，林逋在诗中表达的是一种混合儒道二家的隐士的思想，不是单纯的儒家治国平天下的道理。司马相如的思想中，恐怕却是含有大量的纵横家的成分。宋元以后的读书人，常常跟着林逋的思路走，未免腐儒矣！

必须指出，据《汉书·兒宽传》："先是，司马相如病死，有遗书，颂功德，言符瑞：足以封泰山。上奇其书。"

司马相如是引起武帝重视"封禅"的第一人。司马迁屡次跟随武帝四处巡游,祠神祭鬼,写《史记·封禅书》,把武帝挨蒙受骗的事写进去不少,那是伤心人写"谤书",别有怀抱。该篇中写到武帝正规封禅之处并不多。若据以论"封禅",则误矣!

最后要提到一个难以解决的小问题。《西京杂记》卷二中记载,司马相如死后:"文君为诔,传于世。"这篇诔,明代梅鼎祚《西汉文纪》和清代严可均《全上古三代秦汉三国六朝文》都登录了。可是,严可均怀疑:"梅鼎祚《文纪》有此,未详所出。案,《西京杂记》……虽言为诔,不载其辞。盖近代依托也。为我们注意的则是,文君死在相如之后。但《史记》《汉书》本传都记载,武帝派所忠到相如家中取稿件,问"其妻"也就是相如的夫人,结果只取得"封禅书"。《汉书》照抄《史记》,而司马迁是有春秋笔法的,是下笔不苟的。相如本传中,到处写的全是"文君",结尾忽然冒出来一个"妻",却是为何?有人怀疑,相如在与文君搞恋爱前,已有正妻。所以,司马迁在传末才"笔伐"相如一次。根据现存史料,无法确切判明此事,只可说是疑莫能明矣!

之二：李将军

"猿臂难封，李广乃不侯之将"

司马迁因李陵案件受刑，他把《李将军列传》写得生动异常，成为《史记》名篇，颇具感染力。后来的不得志文人，大半受其影响，同情陇西李氏，怅望千秋，为李广一洒终生不遇之泪。这也是借李广的酒杯，浇自己的垒块。

可是，夷考其实，李广之不遇时，起码一大半要怪他自己。

李广乃是"汉之飞将军"。武艺超群，擅长骑射。他爱护部属，能团聚一批和他气味相投的骑士与斗士。他作战极为勇敢，自文帝时就与匈奴野战不休，一直打了四十多年，七十馀战，是转战沙漠的三朝老将。这些，都是他的优点和特色。然而，他终生未曾封侯。王维《陇头吟》歌咏此类将领："关西老将不胜愁，驻马听之双泪流。身经大小百馀战，麾下偏裨万户侯。"最后说："苏武才为典属国，节旄落尽海西头！"身经百战的武将流落陇西，不折不挠的使节归后待遇不高，那么，哪些人爬上去了，不言而喻矣！可是，那是写诗，是写不公平的典型事例，并不是专为李广而写。李广的流落不偶，是因为按汉家制度，他一生没有打过什么胜仗，无法封侯。

李广为什么打不了胜仗？下走浅见，可由以下几方面分析。

一点是，李广是一位"战将""斗将"，而非"大将"。他个人武功极好，射箭又远又准。他冲锋陷阵是能手、里手。这一套适合领导小部队，进行野战或说游击战。他的主要敌手是匈奴人。他的这些本领，匈奴骑士也擅长，只不过要是个人比试，未必能赶得上他就是了。总的来说，匈奴人，特别是匈奴骑兵，擅长骑射的"射雕手"（在李广传中特别写到）比当时的汉军要多。一对一的比，李广个人可能操胜算，人数相当的部队对抗，可就难说啦。

再一点是，李广统率部队的方式有问题。经过选拔的战士，个人武艺个个精强，对李广也很讲义气、同生死共患难。然而，组织性差，纪律散漫。司马迁虽然明显袒护李氏家族，可也拿程不识治军与之对比。在大漠中宿营，人人逐水草自便，若是遇到敌人夜间劫营，势必各自为战，胜算不多。再说，用李广的带兵方式统率几万人的大部队，显然难以收以手指臂之效也。李广带兵数目，有明确记录的一次是"以郎中令将四千骑"，遇见匈奴左贤王四万骑的大部队，全仗力战，李广派儿子李敢率精锐小分队冲击敌阵，自己以强弓"大黄"射杀匈奴几员裨将。可是，汉军"死者过半"，"会日暮，吏士皆无人色，而广意气自如，益治军。军中自是服其勇也"。张骞的一万骑兵后期而至，解围，

"汉军罢（疲）"，无力追击。"广军几没，罢归。""广军功自如，无赏。"这是很典型地表现出李广作战优点与特点的一次战役。但是，这么干，终究很难打胜仗啊！

李广及其子孙，特别是李陵，个人英雄主义的狂傲之气很重，往往一时冲动，不从长计议，不考虑后果。即以李广最后一次出兵而言，卫青暗中受到武帝的告诫，说"李广老，数奇"。李广不与卫青进一步核对行军路线，负气出师，不找优秀向导，失道后期，导致自杀。应该说，武帝任命李广为前将军，这个头衔要了李广的命。李广认为，前将军就得当先锋——实际上作战时未必如此。当然，这一次卫青有私心，偏向自己的亲戚中将军公孙敖（也是武帝的远亲喽），想与他一起干掉单于。李广是久在宫廷任事的，怎能不明白，但李广就是不想忍让。最后，胳臂拧不过大腿，一气之下，对虽为大将军又是武帝舅爷的卫青不辞而行。这就种下了必然倒霉的伏笔。为李广计，他是沙场老将，如果

李广

选择优秀向导，激励士卒（这方面他比卫青要强），兼程急进，说不定能早到战场呢。受情绪支配，乃为将之大忌也。

一时情绪冲动，死要面子，干出无原则的事，也是李广的毛病。因为在亭下蹲了一夜，重掌军权后，马上把公正执法，但说了一句风凉话（"今将军尚不得夜行，何乃故也"）的霸陵尉带到管辖的军区内杀掉，实在不合法不合理。远不如韩信对待淮阴少年之有大将军风度也。还有杀降，军务倥偬之际，起码是简单化处理问题，拿人命不当回事。当时这种事司空见惯，放到现在，不得了啦！

以上历数李广之缺点，这些加在一起，造成他屡战屡不能胜，以至封侯无望。并非"岂吾相不当侯耶？且固命也！"

汉文帝大约是结合自己知见的秦汉之间的战役事例，推论李广说："惜乎，子不遇时！如令子当高帝时，万户侯岂足道哉！"这话有一定道理。原来，咱们在秦始皇陵外所见出土秦俑军阵，有战车；有步兵列阵，装备精良。那是秦始皇的禁卫军。陈胜吴广起义，起始只抢下两把剑，剩下的全是农业器械临时借用。全仗着天下厌秦暴政久矣，起义者滔滔皆是，无法扑灭。后来楚汉相争，军队固然有时很多，但成分复杂，战斗力视临阵情况，时强时弱。绝不如始皇禁卫军的战斗力。韩信就说，带楚汉相争时的军队，有如"驱市人而战之"。这样的队伍，需要临阵冲锋的斗将。项羽以八百馀人溃围，以二十八骑进行最后的东城一战，是典型的斗将战例。李广最适合打这样的仗。汉文帝说他能取万户侯，就是从此种战役的角度来判断的。匈奴骑兵往往组成大兵团，单兵战斗力也强，汉军要战胜他们，得比匈奴兵力大而强，骑兵更得多于和强于匈奴才行。这就要组成有强大后勤保障的更大的兵团，以骑兵为主体。其统帅不一定临阵当先，却是要指挥得当。似李广，虽然和匈奴从小干到老，可是一勇之夫，没有从战争中进一步学会指导战争的艺术。绝难担当起如此重任。这是我们替他遗憾的事，历史上注定了他的失败。

我们只是评议李广不得封侯的根本原因。若是对李广全面评价，司马迁的评议，以及所引同时人的看法，还是有一定道理的。李广确实才气无双，不阿权贵，爱抚士卒，作战勇敢当先，不营私财。他不愧为旧社会中出污泥而不染的职业军人的典范。

"专以射为戏，竟死"

1945年抗战胜利后，我读初中三年级。买了一部顾颉刚、徐文珊两位先生标点分段的"白文本"《史记》来自学。极受感染。因为有读过《聊斋志异》《子不语》《谐铎》等文言小说的底子，浏览《史记》，大致能蒙下来。

个别难懂的词语和句子，联系上下文，大概其地心知其意，深入理解就不成了。这与我的幼稚以及当时语文研究和教育水平整体上的低下都有关系。叶圣陶、吕叔湘、朱自清等位的《开明文言读本》出版，我买来通读，受益非浅。特别在"古今词义微殊"方面学到极多。例如，宋濂的一句话"媵人持汤沃灌，久而乃和"，中学老师一带而过；我模糊知道"汤"是热水，读了《文言读本》，我才比较确切地明白。上大学后，先后听过周燕孙（祖谟）、王了一（力）、陆颖明（宗达）等位先生的课（所惜均非嫡系，只能说听过课罢了），解放初又读到陈承泽先生1922年出版的《国文法草创》，真有相见恨晚之感慨。解放后中国语文研究与教育水平更大有提高。水涨船高，我比先前明白多啦。比起专门从事古代与近代以至现当代汉语教学与研究的诸位先进，那可就望尘莫及喽！为了写"闲谈"，我假定读者对象绝大部分是跟我一样的外行，咱们业余对业余。

我年轻时搞不大懂的，主要是两方面的问题，即，名物制度；词义语法。还有这两方面都涉及一些的问题。

名物制度的事，好说，除非太专门的，只要有工具书，专业书，一查，一读，现在基本上能解决了。解放前不成，一因研究水平不到家，工具书、专业书缺乏；二因我那时水平太低，面对这些书也不会使，看不懂。现在总算强多了。姑举一例：

> 蔡（李广的从弟李蔡）为人在下中，名声出广下甚远。

"下中"是那时流行的"九品论人"的品评人物方式中的第八等。只要看看《史记》《汉书》的注，特别是《汉书》的"古今人表"，就会明白。我却是解放后听完周燕孙先生亲授的"工具书使用法"，并大量实践，才初步解开这个扣的。奉劝读者，千万要从有关名物制度的书籍和出土、传世文物等材料中多多学习啊！

> 广讷口少言，与人居则画地为军陈（阵），专以射为戏，竟死。
> 天子与韩嫣戏。嫣少不逊，当户击嫣，嫣走。
> 广暂腾而上胡儿马，因推堕儿，取其弓……

这三条，有语词问题，有语词兼名物制度问题。

先说说"以射为戏"和"天子与韩嫣戏"的"戏"，什么是先秦以至汉代时的"戏"？清代王引之所著《经义述闻》卷十七"请与君之士戏"条，解释《左传·僖公二十八年"城濮之战"中的这句话，说："今案：戏，角力也。《晋语》：'少室周为赵简子右。闻牛谈有力，请与之戏。弗胜。致右焉。'韦注:'戏,角力也。'"案,《汉书·武帝本纪》记载,元封三年"春,作角抵戏"。注引文颖曰:"名此乐为角抵者,两两相当,角力,角技艺射御,故名角抵。盖杂伎乐也。"师古曰:"抵者,当也。非谓抵触。文说是也。"按我们现代的说法,其内涵应是"带有比赛性质的文体活动",包括摔跤、射箭、赛马等等。主要是摔跤。李广划定运动场,和人比赛的,仅仅是射箭,所以说"专以射为戏"。而武帝和他的男宠韩嫣玩儿的大约是摔跤。韩嫣有不礼貌之处,李广的儿子李当户就把韩嫣打跑了。《左传》中那一句,是说"希望和您的下级军官(以部分代全体,借代全军)来一场竞技(大约包括角力、射箭、赛马车等等,差不多是一场古代运动会)"。实为作战的借代词语,是很轻率地口头下"战表"。至于"竟"字,古今词义微殊。那时的意思是"直到……为止"。"竟死"就是"到死为止"。

"暂腾"是个极为形象性的词语。可以和《左传》僖公三十三年"殽之战"中"武夫力而拘诸原,妇人暂而免诸国"那一句放在一起解释。《说文解字》是中国第一部部首字典,根据的语料,主要是先秦至西汉的书面资料,兼采当时口语。返回头用来解释《说文》所据,最能切合。用来解决后来出土的甲骨文以及金文中出现的问题,有的就不容易对得上号了。且说"暂",《说文》有三处解说文字与之最有关系,那就是:"暂,不久也。"(时间短)"突,犬从穴中暂出也。"(没有料到,使人不及提防。)"默,犬暂逐人也。"(咬人的犬动作快而不叫。)都形象地表明时间的短暂,我以为,相当于现代汉语中的"倏地"。所以,"暂腾"是"倏地腾起"。而《左传》中那句话,极为精炼,转译成现代汉语,就比较罗嗦了,大致是:"一帮当大兵的使足了劲,才把敌人像拘那不受羁勒的生牛奔马那样从野外拘系回来;一个娘儿们从国都里轻易地倏地就把他们给放啦!"

最后,说到一个兼具语法修辞特色的小问题:

李敢……怨大将军青(卫青)之恨其父,乃击伤大将军。

按,《说文》:"恨,怨也。""恚,恨也。""怨,恚也。"三字互训。此外,为先秦经籍作注的,多训"憾"为:"憾,恨也。"或"憾,怅也。"(可参阅《经籍纂诂》卷八十七该条)综合上述,大体上可以判定,"怨""恨"等词,与现代汉语的"心里发堵,感到遗憾,生闷气"等词语的综合内涵相当。"恨其父"又是使动用法,是"让他的父亲(即李广)觉得遗憾,生闷气(实为"自杀"的委婉借代词语)"。

我们在此咬文嚼字,是想提醒某些青年读者,汲取我在中学时期自学走弯路的教训。希望大家细心读书,特别是多利用工具书和相关资料,既学又思,开动脑筋想问题,力争自己解决问题。如是而已。

之三:信陵君

《魏公子列传》(有的版本作《信陵君列传》,恐非司马迁本意)是《史记》的名篇,历来赚够了读者的同情与赞叹。所写的主要事件"窃符救赵",特别是在20世纪40年代的抗战中,经过郭沫若郭老的生花妙笔演绎为戏剧《虎符》,更加万口争传,深入人心。

读此传,窃以为初学者当首先注意体会以下几点:

一点是,司马迁是极为尊敬信陵君的。司马迁为战国末期四公子立传。对另外三公子,即孟尝君、平原君(注意:与虞卿合传)、春申君,传中均客观地称呼他们的封号,独有对信陵君,传首题目就高揭《魏公子列传》,传中除必要时外,不称封号,口口声声尊称"公子"。据我的大略统计,高喊"公子"一百四十余次(季子韦老师准确的记为第147次,见《来之文录》第178页)。这是对信陵君佩服到极点,才使用此种尊称,采取这样的写法。出于历史家的公心并搀杂有许多复杂的心理状态,司马迁更加大胆而露骨地把名"籍"字"羽"的项羽列入"本纪",而且高举"项羽本纪"的题目牌号。后世的史家没有谁敢这么干的,《汉书》立传:《项籍传》。当然,司马迁钦佩信陵君,那是从心眼里冒出来的,与高抬项羽之复杂心情不太一样。项羽的事,容当后论。司马迁之以饱蘸感情的笔墨写作《魏公子列传》,则必须对初读此篇的读者着重指出。

司马迁既然是抱着钦佩与同情的心理来写作此传,自然"为贤者讳",使出他最擅长的"互见法"来。这也是必须提请初读此篇的读者注意的。所谓"互见,就是史家在为一个人的一生写传时,把那个人的事迹分别地记载在不同的篇目中。其目的或说用意可说各不相同,因人因事而异。以《魏公子列传》而论,目的、用意十分明显,就是保护传主信陵君,把他做的大事、好事、露脸的事,集中在本传中写,其他的,分散在别的相关的传里去了。

信陵君一生礼贤下士,从谏如流。这是他的优秀品质的一面。他做的最大的大事,也是最露脸的事,一是窃符救赵,二是率五国兵车"走蒙骜"。这是值得大书特书的另一方面。他被谗后,"自知再以毁废","饮醇酒,多近妇女",这就是后世成为成语典故的"醇酒妇人"的由来。后代人常为此一掬同情之泪。这些,都被司马迁记入此篇。别的呢?

《范雎蔡泽列传》中记载,范雎一定要自己的仇人魏齐的脑袋。魏齐在平原君那里,秦昭王把平原君请到秦国,当了人质,写信给赵孝成王,叫他拿魏齐的头来换。赵王就抓捕魏齐。赵国的"相"虞卿讲义气,解相印与魏齐一起逃往魏国,投奔信陵君。其实这两人也知道魏国藏不住待不下,只不过想通过信陵君资助过境,逃往楚国。信陵君不敢与他们见面,装模作样地问大伙儿:"虞卿何如人也?"(这可是司马迁神来之笔,信陵君能不知道赵国国相的情况吗?)以"好士"的标准衡量,这可有点"栽""丢份"。侯生晓

清代吴历绘《信陵君访侯生》

以利害，信陵君大为惭愧，赶紧出城到野外郊迎。可是魏齐已经激愤自杀了。魏齐的头，最后还是由赵王取得，献给秦王，这才把平原君给换回来。在这件事上，信陵君有点栽跟头。司马迁将此事写在范雎传里，也不喊"公子"了（侯生对信陵君说的话除外），写"信陵君"四次。虽然够不上"笔伐"，对照《魏公子列传》的热乎劲儿，也有点冷飕飕的了。

司马迁写《魏公子列传》之所以写得好，已经许多先辈时贤指出，是"攻其一点，不及其余"，亦即现代人习惯说的"抓住主题思想来取舍材料"。如果说，因为受体例等限制，在别的传记里办起来不太容易，那么，起码在《魏公子列传》中，司马迁是着意地这么办，而且办到了。

司马迁笔下的信陵君的一生，是和"抗秦"密切联系的。他的礼贤下士，是为了魏国，而魏国最大的外患是秦国。所以，自然而然地，信陵君就由被动——即泛泛地礼贤下士而并无明确用士的假想敌，而被迫走上了抗秦之路。终于，信陵君在他的晚期，自觉地认识到自己与强秦是誓不两立的，最后因受现实逼迫，唯一的愿望（不能说是理想）即抑制强秦不能实现，有意识地戕害自己的身体而死。《魏公子列传》完全按此主题安排素材，凡是认为与此关联不大的，统统采用"互见"，写到别处去了。为此，只是重点写"窃符救赵""走蒙骜"两件事。别的，即使与抗秦有点关联，也不惜割爱，送往别处。试举两个在我们看来是出于不同考虑而放在别处的例子，略作说明：

赵国因某种原因，以七十里土地为诱饵，请魏王杀掉已被罢免的"相"范痤。范痤向信陵君求救，信陵君对魏王进言，范痤头上的乌云散了。下面，接着写信陵君对魏王说的一大段话，劝告魏王要认清强秦的本质，不可联秦伐韩。这本是写信陵君的高瞻远瞩的政治与军事远见，是可以写入本传的，然而却安排到《魏世家》里面去了。估计司马迁是怕本传中材料过于拥挤，冲淡"救赵""走蒙骜"，就让它给那两件大事让路啦！

"救赵"是信陵君一辈子所做的头一件大事，一定要"保"的。于是，"救赵"一役中，政治与外交、军事方面的一件大事，即：平原君带领"毛遂自荐"的毛遂等人赴楚国请兵，楚国派春申君带兵救赵的事，被安排在《平原君列传》中；另一件赵国人自救的军事上的大事，即：春申君和信陵君救赵的军队均未开到前线时，邯郸危急，一个小吏之子李谈（司马迁写作"李同"，避司马谈的讳），建议平原君散财，募得死士三千人，冲击秦军。秦军后退三十里。李谈战死。此时，春申君和信陵君率领的大军相继开到，秦军退兵。此事也写在《平原君列传》之中，紧接毛遂在楚国歃血为盟的事件之后。综合起来看，秦军退兵，起码是因为受到三股兵力联合的压力。真正和秦军拚命的，还是李谈的敢死队。如果把这些都写入《魏公子列传》，信陵君就不会有那么大的光彩了！司马迁采取如此迁就信陵君的写法，加浓信陵君在救赵一役中的光辉度，如果没有"互见法"跟着补充，那可真成了曲笔啦！

总之，不管是冲淡还是加浓，司马迁写作《魏公子列传》时，看来主要是采用写作文学性传记的写法。作为文学性质颇为浓厚的作品，他突出了自己所要突出的主题思想，取得极大的成功。然而，要是不用"互见"跟着，就不成其为信史了。

《魏公子列传》中，不但极力树立信陵君的光辉形像，对几位配角虽着墨不多，也写得凛凛有生气。

侯生是写得足够了的。

写晋鄙，公子说他"嚄唶宿将"，司马迁写他："晋鄙合符，疑之，举手视公子，曰：'今吾拥十万之众，屯于境上，国之重任。今单车来代之，何如哉？'"仅仅从这两方面一写，特别是记录晋鄙的口吻，当时的情态如画。写朱亥，也是几句话写出性格。特别应该提出的是，如姬是个"暗场"人物，她没有走上前台，但一个有血有肉有灵魂为国家报知己视生死于度外的优秀妇女形像却跃然纸上。在司马迁创造的女性形像中，她是最能戳得住的一位。这也留给后世的作家如郭老等人以极大的创作空间。

司马迁是极擅长写论赞的。后世史家都赶不上他。司马

迁写的论赞，一个特色是笔锋常带感情，另一个特点则是常常表示自己亲自去过某地，实地进行过调查。《孔子世家·赞》就典型地表现出这种特色与特点，此处姑且不具论。《魏公子列传·赞》则有如后世李白写诗，东一句，西一句，天上一句，地下一句。然而联通在一起，却是自有内气通贯。通观之，那可是一篇诗意盎然的议论加抒情文字。以其为短篇，辄全引如下：

清代张风绘《张良像》

　　太史公曰：吾过大梁之墟（此城基本毁灭），求问其所谓"夷门"。夷门者，城之东门也（访问调查所得）。天下诸公子亦有喜士者矣，然信陵君之接岩穴隐者，不耻下交，有以也（下评语抬高信陵君）。名冠诸侯，不虚耳（带有摇漾着的感情色彩）！高祖每过之而令民奉祠不绝也。

　　需要补充说明的，有不相关联的两点；一点是，为甚么一再写寻觅"夷门"，非得点出"城之东门"不可？拙见是，这是在暗示，司马迁在大梁之"墟"进行过大量的调查，犹如今日我们的民间文学工作者下去"采风"（不等于古代的采风）。所以，有的研究者认为，《魏公子列传》主要采用采集来的民间传说写成。这样说，直接的证据可以说是没有的。司马迁在这里所说的对夷门的调查，却是旁证。司马迁在《魏世家·赞》等处所记的自己对大梁的调查，是另一种旁证。另一点是，据《史记·高祖本纪》，汉高祖给秦始皇、陈涉、魏安釐王等设立的守冢户都是十家，给信陵君的只是五家。可见，刘邦脑子里的等级观念还是很重的。司马迁在上引这篇"赞"里只提信陵君，不及其余，巧妙地给遮掩过去了。或者说，重点提出，信陵君这个级别的人物中，只有信陵君得到这种待遇。

最后，似应指出，《魏世家》所载，魏安釐王三十年，公子回魏，打败秦军。此时，魏太子增质于秦，秦国想处置太子增。有人替太子增说话，说明应"贵增而合魏"。"三十四年，安釐王卒，太子增立，是为景湣王。信陵君无忌卒。"看来，这三四年间，秦国对魏国的反间活动十分猖獗，太子增因为自己的命运几乎间接操之于信陵君之手，对信陵君的印象好不到哪儿去。把信陵君之死系于太子增继位之后，姑不论时间先后，从写法上看，乃春秋笔法也。信陵君醇酒妇人没有几年。

郭沫若郭老曾遗憾信陵君没有"率性"把魏安釐王干掉。实际上，按信陵君和他那些位门客的道义信条，他们是不能这么做的。

之四：留侯张良

《史记》创造了"世家"这一体裁，写出三十篇世家。前十六篇写的是春秋战国时期独立的诸侯国的历史，所谓"独立"，是说这些诸侯国都有自己的土地、人口、主权、封爵，自行发号施令，属于独立国。第十七篇《孔子世家》最为特殊，写的是无土无爵不掌政权（短时间当政可以略去）的文教大师孔子的历史。第十八篇《陈涉世家》，意在奠定首义导致灭秦的陈涉的地位，陈涉揭竿而起，也曾有土掌权，够一路诸侯的资格。

《史记》留给汉代"诸侯"十二个"世家"席位。"外戚世家"实为一种"同类合传"，与"循吏""酷吏""儒林""游侠"等传的以类相从属于同一种归纳法，之所以升为"世家"，司马迁点的是外戚常常以多种手法参政，意别有在。分给刘姓分封的王六篇，写的都是和中央政府未必一心一德的诸侯王，包括想造反和小小地造反的。公开造反的头子"吴王濞"可就打入"列传"中去了。分给功臣诸侯的五篇。要知道，刘姓分封的王不止这些，异姓诸侯更多，据

《汉兴以来诸侯王年表》；"高祖子弟同姓为王者九国，唯独长沙异性。""功臣侯者百有馀人。"据《高祖功臣侯者年表》，那时封侯者为一百三十七人。所以，这六篇加五篇，乃是挑选出来的最有代表性的、最重要的诸侯。《留侯世家》厕身其中，足以显示出，张良是一位在历史舞台上产生过重大影响的重要人物。

在楚汉相争中，张良为刘邦出谋划策，有多项导致汉王胜利的决定性的"胜算"，都是张良给出的主意。在刘邦立太子——也就是后来的汉惠帝——的"大计"中，张良的计谋也保证了太子地位的巩固。由于张良在某些大事中起的作用太大了，太重要了，以至司马迁不嫌辞费，在不同的传记中，虽然或多或少，却是多次在参与的大事中重复提及张良。窃以为，《史记》使用"互见法"，基本上有两种写法。一种如《魏公子列传》，在本传中写到的，其他各传中就不写、少写，反之亦如是。另一种则是如"留侯世家"，这里写了，那里也写，虽有多寡之不同，但是，作为大事来写，则是一致的，而且都不没张良之功。这另一种互见法的使用，窃以为在写张良这个人物时达到极致，属于司马迁使用互见法的另一种典型。所以，读《留侯世家》，最好结合其他相关传记来读，起码能加深对张良这个人物的印象。司马迁是不是应用此法来加强对张良这个人物的雕塑呢？不敢说。但是，在客观上，如果读者采用下走所说的这种"对读法"，肯定能起到加深印象的效果。

张良的"胜算"，《留侯世家》中写到的，主要有：

说动刘邦收买秦将，然后乘其懈怠，攻破秦军。先入咸阳，招降秦王子婴。

说动刘邦听樊哙的话，还军霸上。

在"鸿门宴"的前、中、后，保护刘邦免遭项羽杀害。此事特别重要，主要记载于《项羽本纪》中。但也在《留侯世家》中记上一笔，而且不忘提醒读者："语在'项羽'事中。"把"互见"都明确地提出来了。

献计给刘邦：明烧栈道。张良回报项羽，说刘邦"无还心矣"。

献计，让刘邦以土地、封爵为饵，联合黥布、彭越。

借箸为刘邦说明，"立六国之后"有"八不可"。

提醒刘邦应允韩信的要求。并代表刘邦去立韩信为齐王。又提醒读者："语在'淮阴'事中。"

献计，使刘邦按计招来各路军队，造成项羽垓下败亡。"语在'项籍'事中。"

司马迁没有明说互见，却是在《留侯世家》之外大写特写"互见"的，主要是在《高祖本纪》之中。大略地说，计有：高祖用张良"略韩地"；献策围宛；献策使郦生、陆贾说秦将投降，然后又建议进攻军心不定的秦军，趁势入咸阳，灭亡秦国；说服刘邦听从樊哙的意见，还军霸上；鸿门宴，特别点出张良、樊哙之功；建议并代表刘邦立韩信为齐王；在刘邦中箭受伤后，建议"强起劳军"；说动刘邦在鸿沟为界罢兵后背信弃义，追赶项羽，建议用土地、封爵再次引诱韩信等率领部队来援，造成项羽在垓下的最后失败；说服刘邦同意娄敬"都关中"的建议，等等。特意重点写刘邦对张良等三位"人杰"的口头鉴定，头一个评定张良："夫运筹策帷帐之中，决胜于千里之外，吾不如子房。"这话在《留侯世家》中，因封功臣而重提："运筹策帷帐中，决胜千里外，子房功也。"注意，没有提也是常出"奇计"的陈平。可见，在这方面，刘邦认为，张良"运筹帷幄"的本领最大，出的主意又多又好。

此外，《吕太后本纪》中，重点记张良出谋划策，招来"商山四皓"，稳定了太子的地位。以及张良奉命立刘襄为齐王的事，此事较详细地记录于《齐悼惠王世家》，齐哀王发兵的《遗诸侯王书》中作为自己的有利证据提出，可见张良在诸侯王心目中的地位。

此外，互见之处，大体上还有：《项羽本纪》，重点是"鸿门宴"，那是迭被后世各种文选引用的"名篇"。《陈丞相世家》，《彭越列传》，《淮阴侯列传》，《韩王信列传》，《樊哙列传》（鸿门宴事），《周昌列传》与《叔孙通列传》均重点记述"以（张）良策不废太子"事；《刘（娄）敬列传》记张良"明言入关便"事。要说《史记》中应用互见法,在张良身上可说是表现得最为明显的了。

综合张良出谋划策的内涵,可以说,他出的主意有两大特点。一点是,纯粹从利害关系观察问题。另一点与之有密切关联,即是,为目的不择手段,背信弃义是家常便饭。例如,招降秦将后立即进攻秦军,先入关灭秦。又如,定鸿沟为界罢兵后,立即躐项羽之后。别的计谋可以类推。他这一套,大有战国纵横家纵横捭阖的作风,有过之无不及。

以上是就《留侯世家》主体及其互见而言。《留侯世家》的一头一尾特别杰出而奇特,值得提出来说一说。

开头记了两件事。一件是募力士椎秦始皇于博浪沙,误中副车。这说明张良那时只是年轻气盛,为报国仇家恨而采用暗杀手段。这是荆轲刺秦王方式的继续,带有冒险主义性质。窃以为,即使成功,也未必能动摇秦国的统治。这不过是泄愤罢了。

另一件,历来公认为与张良的成长、成熟、成才,以及晚年的一套行止、做作有密切关系,那就是"圯桥进履"了。截出此事单独来看,张良忍气、敬老、按时赴约,以及此后努力自学成才,都是对后代人很有教育意义的。这一段故事常常被各种选本单独截取,中小学课本或用原文,或改写成语体译文,流传甚广。20世纪80年代初,一次语文高考,用这段故事原文为文言文试题。窃以为,用这篇短文来测试学生,十分恰当。因为,考一个人的文言文程度,应该主要从两方面着手。一看对古汉语词语词义的理解，特别是古今词语同形而意义"微殊"时，或古代对某种词语有规定性用法而不能从表面上去了解时。二看对古汉语某些特殊语法现象是不是能够敏锐地感知。

先看词义。"步游"的"步"，意为"遛达"，带有点"锻炼，遛遛腿"的意味。《左传·襄公二十六年》："左师见夫人之步马者"，"步马"意为遛马兼调教马，与此处的"步游"意思差不多。"游"在此处与后代的"闲逛"意思差不多。"后十年，兴"的"兴"，乃是只说半句话，意近于咱们说"起来了，站起来了"，半吞半吐地喻指反秦的风暴要起来。但是，这段短文中表示时间的词语才是不宜忽略的，它们有自己的固定内涵。按，秦汉时期，通行一种"十八时分"的计时法。陈梦家《汉简缀述·汉简年历表叙》有简要记述，请参看，不赘述。鸡鸣、夜未半、夜半都是一种时分专名词，与自然界的鸡鸣、夜半不十分对应。平明指清晨，旦日指第二天的"平旦"时分；与时分制度有些联系。这些专名词似乎均可不对译，只在其后加个"时分"便了。

再看语法。"履我""履之"都是使动用法，即"使我履"（给我穿上鞋），"使之履"（给他穿上鞋）。"怪之""异之"都是意动用法，意为"认为它奇异""认为它奇特"。

还应看看有歧义的解释。"圯（yí）上",一般解作"桥上",可是,有些研究者认为,可能是"汜（sì）上",因为有的《史记》古写本写作"汜",意为"水已干涸的洼地"。"汜上"是洼地边上。"直堕其履"的"直",清代大学者王念孙解作"特意"。

张良多病,刘邦统一天下后,更病病歪歪。他学辟谷,导引,轻身（减肥）。说:"愿弃人间事,欲从赤松子游耳。"他过济北,看见谷城山下"黄石",说是"黄石公","取而葆祠之"。玩儿这么一套把戏。窃以为其中有真有假。下走以为,他大约自知得了"消渴病",故而少吃主食,减肥,加强锻炼。后来吕后不明医理,强迫张良吃喝,把张良给坑了。至于张良玩儿的一整套神仙把戏,明眼人皆知这是"韬晦"。有人为张良庙撰联曰:

从龙逐鹿两茫然,妙用无方,何害英雄同好女;

寅石赤松皆戏耳,善全有术,

后世想象中的孔子弟子图（均明代衣冠）

不遭葅醢即神仙。

（读者注意：此联经下走改动过，属于"白版"）

"好女"是司马迁写"传赞"时提出的。战国秦汉时代，"好"指"貌美"。《说文》："好，美也。"并把"姝""姣"等字都解作"好也"。看来，"好女"指的是"年轻美貌的女郎"。"褚先生"补《史记》，为西门豹写传，"河伯娶妇"一段也成为后世传诵的名文。其中"小家女好者""有好女者""是女子不好"等多次出现，都应作如上解。

之五：孔子及其弟子

孔子是中国儒家的祖师爷，从古至今，影响越来越大，他的思想体系在世界上广泛传播。

凡是开创了一个大学派的人物，必然具备以下的条件：

一、一定要有自己的言之有故、持之成理的思想和理论体系。孔子的思想体系，以经过他理解和改造的"仁"（相对于春秋时代前统治阶级的狭隘非哲理性的理解而言）为核心，以他十分熟悉并适当改编了的"礼"为手段，以"齐家治国平天下"为目的。他的学说，入世性很强，对当时的社会进行改革的针对性也很强。他是想搞也参与过政治活动的，他不是一个单纯的理论上的哲学家。从春秋以至战国，所谓"士"阶层的人物大都没有称王图霸的篡位自立为王的政治野心，只不过梦想成为"良相"而已。孔子就是最早的具有这样的抱负的人物。统治阶级对这样的人物及其学说应该是放心的。他的理论，经过各个时代的新旧儒家的演绎，肯定能达到"圣之时者也"的"阐旧邦以辅新命"的目的。混乱的、剧烈变化的时代，国家民族危亡之际，特别是近代中国受列强欺压又幻想向西方学习富国强兵之策的时候，有人会喊起"打倒孔家店"的口号。可是时移世换，盛世的到来还得儒家明里暗里帮衬。孔子是永远打不倒的。当然，志士仁人反对一成不变的僵化了的为封建社会服务的儒家学说，意图改革或进行社会革命，那是绝对正确的；但是，别有用心的小丑妄图借"批孔"来达到篡位夺权的目的，只能自取灭亡。

二、一定要有一代又一代的大批追随者。这一点，孔子是完全做到了。他的"弟子盖三千焉，身通六艺者七十有二人"（《史记·孔子世家》）。而《史记·仲尼弟子列传》则说："受业身通者七十有七人。"（《孔子家语》所记相同）越到后来可就越不得了啦！到了封王立庙的时代，全中国的读书人都是孔子的徒子徒孙啦！考卷都得"代圣人立言"啦！有记载说，清季，一位孔子的后代打官司，和县官顶撞。县官气晕了，竟然说："你们孔家就没有好人！"

姓孔的就抓住理了，马上说："我们孔家没有好人？老圣人总该是好人吧！您念谁的书当的官？我要到学政那儿说理去！"吓得县官马上从座位上下来，打躬作揖，立刻判姓孔的胜诉。

三、要想贯彻以上两点，必须使用有效手段，并建立推行这种手段的根据地。孔子在这一点上更是做得十分到家。他以讲学为手段，建立了中国第一所"学校"。从此，正规的中国式的学校确立，促进了教育的普及。孔子在几十年的教学活动中，建立起自己的完整的教育理论体系。这是孔子对中国和世界教育史的伟大贡献。他的许多教育和教学思想，至今仍有极大的现实性和指导意义。可以设想，如果没有讲学和培养出来的弟子们，孔子能有现在这样崇高的地位么？

四、为了贯彻以上三点，孔子在讲学和团聚门徒并不断地进行政治实践中，采取了两项主要手段。一是在教学实践中逐渐认识到整编教材的必要，因而在晚年致力并基本上完成了这一工作。他改编的整套教材越来越风行，成为经典，在中国使用两千余年，至今还在部分地有限地使用中。二是"周游列国"。这本是为了在政治上推行自己的主张而进行的迫不得已的长期远途旅行，并未达到预期目的。可是客观上大大地开阔了孔子和弟子们的眼界，达到了"学问与游历以相资"的目的。后来的中国读书人每每羡慕"读万卷书，行万里路"的阅历，孔子为后来人作出了在这方面堪称成功的示范。

五、孔子是"述而不作"的。他本人的言行录,即中国第一部语录体的书——《论语》,是由他的弟子们记录下来的。可以设想,如果没有《论语》,光仗着"六艺",孔子的影响要小得多。可见,老师还是得依靠学生们,才能创立学派扩大影响的呀!应该说明,先秦诸子的流传都是靠本学派的后来人笔记传授,没有弟子不行。

以上所述孔子创立学派的"条件"或者说是情况,在当时的中国具有独创性。可是,在孔子前后的世界各地,这样做的"圣人"并在后来也取得全球性巨大影响者有好几位。例如释迦牟尼与耶稣。从哲学角度看,释迦牟尼创立的哲学体系很有深度与广度,系统性也比孔子强。但是,释迦牟尼是"出世"的,所传非经世致用之学。佛子虽多,也就只能在佛寺中讨生活了。"托钵朱门,挂单萧寺,何曾了却令生事!"入世的后代儒家从根本上是不赞成佛家的,孔子连遁世的道家思想系统的躬耕的隐士的行径也不赞成:"鸟兽不可与同群!"

屈原

孔子对弟子是因材施教

的。司马迁在《史记·仲尼弟子列传》中评议说，那七十多位大弟子"皆异能之士也"。并列举四科的十位代表人物："德行：颜渊，闵子骞，冉伯牛，仲弓。政事：冉有，季路。言语：宰我，子贡。文学：子游，子夏。"（《论语·先进》中的四科顺序则是德行，言语，政事，文学）其中"言语"大体上相当于现代的办外交，"文学"的内涵大致为：能写作与"经国之大业"有关的文章，而且博学。看来是以修身为先，从事政治活动的能力为次，文辞与学业在后。

　　司马迁是极其崇拜孔子的。他将孔子的传记列入"世家"，给予一路诸侯的待遇。他采用《史记》中常用的"互见法"，主要在《孔子世家》和《仲尼弟子列传》中，生动地勾勒出孔子和他的三十多位"显有年名及受业闻见于书传"的大弟子的面貌，并附记"其四十有二人，无年及不见书传者"。其中一半以上的篇幅记载的是"去鲁"后十四年左右的中原地区大串联。两千年后，欧洲的以一系列旅游贯串全书的小说兴起。其中的名著，如《吉诃德先生传》的为理想而战斗，《匹克威克外传》的为增广见识而旅游，都以吃亏倒霉出洋相等为主要内容。可是旅游团的组成人员往往不多。司马迁对周游列国的描绘虽然是粗线条的，但是较之以上的小说更为波澜壮阔，各类型人物充斥其间，其中以孔子为主导的他的弟子们起着前后贯串的作用，也显出孔门人材济济，各有生平。从某种角度看，司马迁实在是写作"旅游小说"的大手笔和鼻祖呢！

　　孔子的大游行以失败告终。其原因，一般都认为他太执著于自己的理想的原则了，而且他的主张不一定能在那样的社会实行得了。实际上，孔子在原则允许的范围内，干起政治来是很有一套的。例如夹谷之会，隳三都，行摄相事，孔子都表现出很强的政治和外交才能来。可是，他究竟还是个讲原则的人，与当时各国的腐败政治格格不入。他毕竟是有十足"书生气"的人。在这一点上，亚圣孟子比他更迂，再加上"战国风趋下"，也就只能做到"斯文日再中"了。

　　孔子带领大队人马游行，这是他的主要资本。但是，这样做的结果适得其反。楚昭王想以七百里之地封孔子，让他成立个实验区，试验一下孔子个人的理想。可是令尹子西提醒楚王，说孔子的学生中有奇才异能的人可不少，而且他们全都听孔子的，不听当世王侯的，要是"得据土壤，贤弟子为佐"，可就要成文王、武王啦。这样的话有一定道理。

贾谊

因而，孔子的学生虽然能人很多，可是仕进都不太顺利。再加上孔子逝世后，他们也书生气十足地搞"庐墓""三年心丧"那一套，并且主要把老师晚年讲学习礼的一整套继承下来。这种听老师的话、按老师晚年的制度办事的传统一直在中国的读书人中传下来，至今还有点阴魂不散呐。

司马迁在他那段笔端饱含情感的《孔子世家赞》中写道：

> 《诗》有之："高山仰止，景行行止。"虽不能至，然心向往之。余读孔氏书，想见其为人。适鲁，观仲尼庙堂、车服、礼器，诸生以时习礼其家，余低回留之，不能去云。天下君王至于贤人众矣，当时则荣，没则已焉。孔子布衣，传十馀世，学者宗之。自天子王侯，中国言"六艺"者折中于夫子，可谓至圣矣！

司马迁这一段话，主要是从教育、教育制度及其影响等方面来赞美孔子的。他看出，孔子的抱负虽在于政治，他的成就却在教育。孔子留下了整套教材，成系列的教育制度和教学方法，有组织的教学实践方式。他的弟子们严守祖师爷的规矩，一代又一代地传流下来。庄子虽然揭示出"传薪"的重要，可是真正做到了薪尽火传的是儒家。可见，办教育，抓培养学生，是一个学派发扬光大的根本之根本。

　　孔子的一大缺点，或者说是他自己没有意识到的问题，就是他没有给学派有意识地培养接班的领导人。孔子逝世后，弟子们认为有若有点孔子的风范，拥戴有若为师。可是慢慢地发现有若不行，也就罢了啦。实际上，要造就像孔子这样伟大的教育家和思想家，要有时代和个人的种种内外条件。中国古代从来就有圣人不世出的说法，并提出以五百年为期，虽然定期到了日子未必能够兑现，可这种说法不是没有一点道理。当然，圣人不世出，传人不能少，徒子徒孙却是多多益善。

　　司马谈和司马迁父子是窃比孔子的，他们认为，五百年的周期又到了，自己正当其时。可是，他们虽然大体上建立起"论六家要旨"那样的批判性哲学体系，又掌握着汉室的图籍，却由于各种原因只能父子单传。司马迁倒了大霉之后，也就只能独身去创作那"史家之绝唱，无韵之《离骚》"了！

之六：屈原和贾谊

　　《史记》为几个人写合传，常常是连类而及，如《老庄申韩列传》是从学术源流上着眼，把不同时代的人编制在一起，后人讥议"老子与韩非合传"，那是不太了解太史公的学术观点。《仲尼弟子列传》则是一个学派的以第二代传人为主要对象的合传，大家就没有意见了。《刺客列传》《滑稽列传》都是古今人合传。汉代人的合传更多。大体上说，这都是为了容纳更多的人物，写入更全面的历史。同时，按类别纳入，也使得脉络清楚，读者一目了然。

《屈原贾生列传》是古今人合传："自屈原沉汨罗后百有馀年"，这才"汉有贾生"。这样的两人合传，还有紧靠此传之前的"鲁仲连、邹阳传"。司马迁写此二传，各有其特殊格调。其共同之点，则在于取两个人的最大公约数。为此，舍去其他。拿《屈原贾生列传》来说，所取共同点大体上是：

他们都是政治家，特别是政治上的改革家。他们都预见到国家命运的危机，并提出可行的改革办法。

他们都因锐意革新，遭到守旧派、奸佞的重大打击，被排挤出中央决策圈。他们都是优秀（且先不说"伟大"）的辞赋家，都为自己的遭际愤愤不平，发之于文字。他们的下场都很悲惨。

值得注意的是，司马迁却没有把这二位的政治主张在此传中揭示出来。要换人来写，一般地说，非得在这方面大写特写不可。极有可能把司马迁抄进去的辞赋如《渔父》《怀沙》《吊屈原文》《鵩鸟赋》等删去。换上如贾谊的《上疏陈政事》《上疏请封建子弟》《说积贮》等文章。《汉书》

虽以《史记》为蓝本，可是抄录《吊屈原文》《鹏鸟赋》之后，立即照录贾谊的几篇长篇大论"上疏"。可见按常规行事的历史家与如夭矫之神龙的司马迁取径大大的不同。

后世的学者不断考证屈原的生平，有人就赖司马迁这篇传没写清楚。梁启超先生还说："资料太缺乏的人，虽然伟大奇特，亦不应当作传。比如屈原，人格伟大，但资料枯窘得很。太史公作'屈原列传'，完全由淮南王安的'离骚序'里面抄出一部分来。传是应该作的，可惜可信的事迹太少了。"不过，我们也可以从反面来考虑：司马迁见到的屈原的历史资料未必枯窘，只是被他都割舍掉了。太史公意不在此。他大约写作时太激动了，暗中引述完淮南王那一段话，到了"虽与日月争光可也"，不容喘气，底下硬接"屈平既绌"，文气如长江大河，一泻千里，专注到屈原受委屈以至殉国的结尾那里去了。他大概被情绪所左右，忘了按常规多写些史实啦！这就导致许多他当时见过而未采用的资料失传。接着写"贾生列传"，情绪依然如此。鲁迅先生说，《史记》是"史家之绝唱，无韵之《离骚》"。下走以为，"绝唱"的一部分涵义，应当是：没有哪一个别的"史家"敢这样写，能这样不拘一格地随心所欲地写。因此，才是"绝唱"。太史公一肚子牢骚，发之于文，自然是无韵的《离骚》啦！明乎此，方可读此篇焉。

唐代刘长卿《长沙过贾谊宅》：

三年谪宦此栖迟，（下放到洞庭湖边上凑合着待着，好几年！）

万古惟留楚客悲。（吊古吧：这里留下的只是古今失意谪宦的悲凉激愤。）

秋草独寻人去后，（头拨、二拨都已奉调返京了，只剩下"我"在此面对草木零落。内心中恐怕还是"每依南斗望京华"。）

寒林空见日斜时。（此时只可亲近与面对大自然。要说，湘浦南迁的下放人员比刘长卿的体会可深刻多了。）

汉文有道恩犹薄，（从来认为领导是正确的，可为什么这样对待"我们"呢！）

湘水无情吊岂知？（一肚子苦水，向那里倒去？）

寂寂江山摇落处，（草木摇落。隐藏着的自然是"美人迟暮"。）

怜君何事到天涯。（可惜啊，可怜啊，"您"因何落到这鬼地方来了。"怜君"即是自怜。按：中古汉语中的"怜"，"怜惜"之意颇浓，"惜才"之意深重）。

司马迁固然没有下放到那里的经验,可是,他的遭遇更惨。他自然视屈原、贾谊为异代知音,把自己的思想感情都注入这篇合传里去了。《史记》中写得神采奕奕的名篇,如《魏公子列传》《李将军列传》,莫不如此。此类名篇,不宜只作为单纯的历史史料读,而须注意其着眼所在,这也是古人早已说过的了。读者最宜自行体会。下走在这里只提出不相关联的几点,以供讨论。

一点是,我们必须注意司马迁对人的称呼。史家一般是客观地称呼传主的,即按照习惯。司马迁则不然,对于钦敬的人,他采用某种与众不同的尊称,从传题就能看出其特殊之处。此种尊称性质的传题不多。如,战国四公子传并列,那三位均称其封号,只有信陵君,大书"魏公子列传"。言外之意,魏国也就这一位公子啦!传中自首至尾称呼全是"公子",尊崇之意极为明显。《项羽本纪》与《汉书·陈胜》《项籍传》对比,抑扬之迹宛然。《李将军列传》则以军衔入传题,这也是特例。传文中的称呼经常用"广",

汉武帝

不像其他传主的连名带姓那样一般化，却多少显得亲善。司马迁的父亲司马谈与李广同时平辈，颇疑此处行文中带有司马谈遗文风貌。《屈原贾生列传》也很特别。"屈原者，名平"，这是开头第一句。以下，大体上在正规的朝廷应对上用"屈平"，其他地方用"屈原"，既显示和保留了屈原特有的忠君之义，又在屈原特立独行之处明显地表示尊崇。不称"贾谊"而呼"贾生"呢，既有亲切之感，又明确他是个"生"——青年人也，青年书生也。

另一点是，屈原贾生合传，司马迁的着眼点，至少有：

他们都是改革派，是要进行根本性改革的革新派。司马迁给屈原写的传记中有一小段话："怀王使屈原造为宪令。屈平属草稿，未定。上官大夫见而欲夺之。屈平不与。""宪令"是国家根本大法，"造"有"创制"之意，这一定是革新性质的能改变国家政治、外交方向的规章。"夺"，意为"强行作根本上的、原则性的改变"。"三军可夺帅也，匹夫不可夺志也。"（《论语·子罕》）"临大节而不可夺也。"（《论语·泰伯》）所指均为此意。"与"的意思是"同意、赞成、和……站在一起"，《礼记·礼运》讲"大同"，说："大道之行也，天下为公。选贤与能"，"与能"就是"赞成、[举手同意]选出有能力的人"。与"选贤"为错综辞格。上引"屈原列传"中这段话的意思，是说："怀王让屈原创制新的国家大法，屈原写出未定稿，上官大夫看到，很不赞成，要作根本性的改变，屈原不与他合伙。"下走曾在《文史知识》上为文，专论"夺"和"与"，请有兴趣的读者翻阅，不赘述。

屈原和贾谊的思想与提出的改革方案都太超前了。今所见贾谊的政治性论文，都切中当时积弊。后来，直到汉景帝、汉武帝，实际上都是曲折地在前进中推行贾谊的预言性方案。这在《汉书》中显示得比《史记》要突出。"曲突徙薪"的故事似乎在见证贾谊与屈原的命运。

他们都是情绪不稳定的人，文学气质颇浓，创作出不少高质量的文学作品。贾生的政治论文中文学气质也很浓郁，表现为嚷嚷得很凶。如果放在后世的较为民主的社会，他们能成为伟大的文学家兼优秀的政治思想家，可是，未必能成为政治家。曹操能兼政治家、军事家、文学家于一身，所以他伟大。曹丕差远了，曹植更不行。文学气质把屈原、贾谊以及后来的曹植等人全给害了，禁不住打击。按现在的医学观点看，他们后来都患有抑郁症。

他们的极大缺点是不太能团结人，贾谊尤甚。其实，汉文帝是很欣赏贾谊的，贾谊却未必体谅汉文帝的处境。汉文帝以代王经大臣选择拥戴，"谦让未遑"。汉文帝的政治根基建立在掌大权的老臣集团之上，想摆脱也难。贾谊在朝堂之上是新进中的新进，刚提拔上来，可是锋芒毕露，犯众怒，你说汉文帝怎么维护他？于是，派贾谊去当长沙王太傅,极有可能是让他去那里避避风,兼自我反省。岂料贾谊一渡湘水便吊屈原,到了长沙又写《鵩鸟赋》。此赋可能当即传闻遐迩。一年以后,汉文帝就"征"贾谊入朝,可见还是爱护他,想继续重用他的。因为,接着,就是后代文人大事宣扬的"宣室求贤访逐臣"。

应该说明,起码自唐宋以来,失意的文人才子颇多,贾谊就成为他们心目中的先辈典范,经过最能煽动感情的一大批诗歌创作等大肆鼓吹,以至成为典故,深入人心。夷考其实,宣室夜半实在是访贤之举。汉代时兴鬼神感应天变示警那一套,认为是政治预言和预警。问鬼神,即所以间接问苍生。这次接见并非机密,说不定会被认为是首都当时的重大新闻,其内容可能很快泄漏出去,要不然,后世怎会了解得那么清楚。汉文帝一边"前席",一边夸奖:"吾久不见贾生,自以为过之,今不及也!"这套举止言语,我看有一半是唱给不在场的元老重臣听的。这是被迫疏远贾谊几年以后,重新启用他的信号弹。

果不其然,接见后没让贾谊回长沙,而是任命他"为梁怀王太傅。梁怀王,文帝之少子。爱,而好书,故令贾生傅之"。按,文帝即位不久即立太子,就是后来的汉景帝。有人认为,梁怀王极可能是另一个候补接班人,下走以为,文帝是持重的人,不见得有此种想法。但是,贾谊的地位超升,确切无疑。

可惜，怀王坠马身亡。贾谊自以为杜塞了自己的最后希望之路，更辜负了文帝的托付，"哭泣岁馀，亦死"。

下走以为，我们必须把文学作品中的典故，以及作家自身和煽动起的情感与史实区别开来。透过司马迁动情之笔，我们还是能够正视历史的本来面貌的。

之七：今上本纪

司马迁创造了"本纪"这一体裁，用以记载关系国家的大事。"本纪"以中央政府的首领帝王为维系，基本上采用简明的纪年方式。《史记》是通史，本详今略古之意，于远古，则以《五帝本纪》概之；于古代，则以一朝系之，如夏、殷、周、秦；都是按朝代编排，这种处理方式，后世的"正史"没有怎么太采纳——除了给某些"僭伪"和地方政权立的"载记"以外。进入近现代，则从"秦始皇本纪"开始，以认为实际上统一全国、掌握中央大权的皇帝级别人物统之，一人一个"本纪"。其中包括《项羽本纪》和《昌太后本纪》，这都是司马迁有胆有识之处。后世的正史袭用"本纪"这一体裁，不过学用很死板，基本上沿袭记载国家大事的做法，属于小型的按帝王年号顺序写下来的简约编年史。可是，主要纪事而不重视写人，大体上看不清许多帝王的真实面貌，不生动，缺乏形象性。好有一比，司马迁笔下，写得漂亮的本纪，如同空中见首不见尾的神龙；到后世史官手中，如班氏父子写《汉书》，就像勤勤恳恳拉车的老黄牛了。后世的史官难道就不能学学司马迁的本领么？下走的看法是，有的高手经过精思，照猫画虎，也不一定做不到。只是缺乏那种豁得出去的胆识罢了。这一点，窃以为在"今上本纪"中表现得最为明显。

在"二十四史"以至《新元史》《清史稿》等"正史"的"本纪"中，写得最为奇特，研究者至今聚讼纷纭、莫衷一是的，就属《史记·今上本纪（孝武本纪）》了。这绝不是下走的个人见解，恐怕还得算是大多数研究者的通识呢！

"今上本纪"的内容，有两个注意点必须向初读《史记》的读者提出，以引起注意：

一点是，除了一开头叙述汉武帝即位前出生、立为太子等事（与《孝景本纪》所记基本相同）以外，从武帝即位起，到"赞"，内容以至字句，均与《史记·封禅书》中武帝部分（《封禅书》的后半）可说完全相同，仅有可供对勘的个别字词有异而已。用当代电脑术语来说，简直是剪切粘贴而成。这种重抄一遍的做法，有似小学生抄课文。

另一点是，究其内容，《封禅书》还说得过去，也就是说，还多少算是贴题。"今上本纪"呢？先不论文章是否对题，且先展开来分析分析：

一上来先定调："［孝武皇帝］初即位，尤敬鬼神之祀。"

叙述"神君""附体"在女巫宛若身上，武帝尊信之。这是三仙姑之类人物玩的把戏。

叙述李少君蒙事，冒充数百岁的人，教武帝"祠灶""求蓬莱安期生"。这是秦汉间方士惯于耍弄的一套，神吹，炼金术，外加徐福骗秦始皇的手法：溜之乎也，东海蓬莱三山逍遥去了。可惜李少君太老了，没入海就"病死"啦。武帝不觉悟，"以为化去，不死也"。让李少君的徒弟们接着干。这就激发起山东海滨一带方士的热情来了："多相效，更言神事矣。"

接着叙述立祠祭祀诸神，从"泰一"开始，逐步增加。后来得到一头一角兽，认为"获麟"。准备"封禅"，逐步将五岳从诸侯封地中收回。

接着写的，可以看作一个短篇的"少翁"小传。武帝宠幸的"王夫人"（《汉书》作"李夫人"）死了，武帝想念她，少翁玩了一套下走怀疑是早期影戏的玩意儿，即真人短期在幕后留影——附带说一下，在一次破除迷信的表演中，我的朋友郭正谊先生曾派他的女学生表演过一次。据云，那是应用物理与化学方法结合就能办到的——哄住了武帝。武帝听他的，造了"甘泉宫"，按他的布置，等神下降。神老不来，被封为"文成将军"的"齐人少翁"戏法变漏了，武帝砍掉了少翁的脑袋，对外说是吃马肝中毒而死。可是，武帝继续大兴土木，建造柏梁台、作铜柱与承露仙人掌这些建筑。司马迁暗中点出：接着来，并不觉悟。

接着叙述武帝病重，"神君"传话说，病不足虑，找我来。这也是后世巫婆常用的口头语。病好了，就算言中；若是病越来越重，直至死去，另有说辞。这回言中了。跳神跳得更欢。"其所语，世俗之所知也，毋绝殊者；而天子独喜。"武帝连一个普通人的智商都够不上，岂不是"傻子""低能儿"么！

接着写立"后土祠"等事。反正是巫觋说该拜谁就拜谁，不管什么灶，见灶就烧。

接着，又是一篇文成将军的师兄弟，后来封为"五利将军"的栾大的小传。栾大"为人长、美，言多方略，而敢为大言，处之不疑"。一通神吹，把武帝吹得晕头晕脑，连自己的女儿都嫁给他了。封侯，佩六印。一次，和武帝对立受印："以示弗臣也。"此人异常聪明："其后治装行，东入海，求其师云。"走的是徐福的老路。注意引文中最后的那个"云"字，意味深长。可是，他又怕海上的风险，跑到泰山去了。他那点方术也不灵通了，露出马脚。结果是，又让武帝给砍啦！

再往后，搀杂着写公孙卿的事情。不外武帝受骗。

接着大写封禅。这才是《封禅书》的正题呢！封禅已毕，风调雨顺。于是武帝乘兴到东海边，幻想碰见安期生，逛逛蓬莱。不料想唯一的一位陪武帝秘密登泰山的"奉车子侯暴病，一日死"。（据《封禅书》中的注，说是武帝因他犯忌，把他给杀了。）总之，不是什么好兆头。失望而归。下面还有许多鬼话，请读者自行寻览可也。

"赞"中说："余从巡祭天地诸神名山川而封禅焉，入寿宫侍祠神语，究观方士祠官之言，于是退而论次自古以来用事于鬼神者，具见其表里。后有君子，得以览焉。"言外之意，他是看透这些把戏了，记下来，留给后世的明白人评判吧！

武帝的确是雄才大略之主。他内定不臣服的东南地区等地；开辟西南地区等地，外攘匈奴，通西域。他整顿经济，治理黄河，等等。"秦皇汉武"并称，乃是定评。可要是单看《今上本纪》，您怎么也看不出来武帝的丰功伟绩，恐怕只能得出武帝一辈子让神巫等人"坑崩拐骗"的结论来。

为此，自古及今的《史记》研究者聚讼纷坛。一个聚焦点是：这篇文章是谁写的；另一点则是，为什么这样写？

有的人认为，《今上本纪》原稿遗失，后人取《封禅书》中材料补成此篇。八成是补《史记》的褚少孙干的活计。可是，无论谁补，也不至于干出"剪贴、复制、粘贴"的电脑手艺来罢？

此外，谁不知道"汉庭家法寡恩多！"，武帝杀人如麻。如此明显的嬉笑怒骂文章，谁敢写？除非是豁出去了！

只有对武帝有深仇大恨的人,才能这么干,才敢这么干。后来的褚少孙敢么!他也犯不上这么干哪。别的人,类推。

学术界先辈李长之先生大胆提出,能干出和敢干出此等事的,非天才史学家与文学家司马迁本人莫属。以司马迁的"凌云健笔意纵横",什么样的文章他构思不出来。已经到了那个份儿上了,他什么事不敢干!下走十分欣赏与赞成李先生的见解。窃以为,千古中外的历史著作中,这一篇堪称最突出的、构思最为奇特的奇文!

最后,请容许下走指出,您若仔细通读此文,慢慢体会作者的意旨,进而理解司马迁的思想,您会得出司马迁基本上是一位无神论者的结论!

我诚恳地向各个国家、地区的领导者建议:千万别把文士逼急了。

武皇内传分明在,莫道人间总不知!

退士闲篇

规 往

读者宋永和先生提出：陶渊明《桃花源记》中，"南阳刘子骥，高尚士也。闻之，欣然规往，未果，寻病终"几句，有的版本，"规往"作"亲往"，未知孰是。

按，这个问题，在学术界中似乎已经解决了。答案是："规往"是对的，不宜误作"亲往"。例如，袁行霈先生《陶渊明集笺注》（中华书局2003年版）第483页中就明确地说：

规，绍兴本、李注本作"亲"，非是。

我们同意这个判断。按，绍兴本是南宋早期刻本，李注本即元代李公焕《笺注陶渊明集》本。在现存陶集版本中，属于排位在前三四位的最早期的版本。为什么不依从它们？因为，学术界从来在校勘中从善从真，而不单纯从早。"规往"之正确，在于：

从上下文意推断，如果"亲往"，应是已经出发了。可是，下文是"未果"，就是没有动身。按文意，当以"规往"为是。

"规"作"策划、研究、准备"解，先秦时已有此种用法。可是中古即三国南北朝时期这样说的颇多。管见所及，江蓝生《魏晋南北朝小说词语汇释》（语文出版社1988年版）引三例；蔡镜浩《魏晋南北朝词语例释》（江苏古籍出版社1990年版）引八例，包括《桃花源记》此例；王云路、方一新《中古汉语语词例释》（吉林教育出版社1992年版）引十五例，且有进一步详细分析。

据我所知，至今，对"规往"之正确，并无争议。

宋代以下，汉语逐渐进入"近代"。诵读诗文时，遇到中古汉语中习用而当代读者读来有点费解

清代张风、明代王仲玉绘《陶渊明像》

之处，有的本子，特别是供通俗阅读用的本子，就有擅改的毛病。还有，有的本子中的文句显得漂亮，比直陈其事的更美。再往后的人，习焉不察，也就以讹传讹了。今传唐诗中明显的例证尤多。试各举一例：

王维《陇头吟》："苏武才为典属国，节旄空尽海西头。"陈铁民先生《王维集校注》（中华书局1997年版）

清代华嵒绘《桃源问津图》

明代夏芷作《归去来辞》中"或棹孤舟"图

明代李在作的"临清流而赋诗"图

云:"空尽,徒然落尽。《河岳英灵集》《全唐诗》俱作'落尽';《文苑英华》、述古堂本、元本等皆注曰:'一作零落'。"陈氏择善而从,足见高明。一个"尽"字足以概括"落尽","空"字更增添出"徒然"之意,更甭提"零落"之没有落尽了。王维是一字不苟的"练字"能手;以我们当代人的感受,"空尽"更带有盛唐以上的"古茂"

气息。所以为高。

王之涣《凉州词》"黄沙直上白云间",《文苑英华》《乐府诗集》所载均如是。《集异记》载有"旗亭画壁"故

明代马轼作《归去来辞》中"问征夫以前路"图

明代李在作《归去来辞》中"云无心以出岫"图

事,双鬟所唱,则为"黄河远上白云间"。从此,"黄河远上"似成定本。科学界先辈竺可桢先生曾为文以证"黄沙直上"之科学、直观与正确,周培源先生在《文史知识》上为文,以证文学作品是不能也不会脱离现实的。可是,许多文人墨客出于对"美文"的偏爱,还是抬硬杠。窃以为,真理还是在地理学和物候学家那边也。

退士闲篇

知唐桑艾

2009年9月16日，《光明日报·读书》版以整版篇幅刊出对国家图书馆出版社的多篇报导。此外，在其"教科文卫新闻"版，又单独刊出该报资深记者庄建女史的独门采访记《甘为学术研究"做嫁衣"——记国家图书馆出版社》。很为一所主要出版古代文献的专门性出版社国家图书馆出版社撑腰打气。我为之欢欣鼓舞。这些，自有所载文章在，不用

在下絮叨了。

倒是，在所引"文献学者这样说"一栏中，引用了在下四个字的题辞："知唐桑艾"。可能需要补充说几句。

据我所知，起码在清季民初，一些高级知识分子为应付题辞需要，准备一些条目熟记，临时应用。《后汉书·西南夷列传》中取自《远夷乐德歌诗》的几句直译成汉字并意译为汉语的词语，常被使用。记忆中有：

"推潭仆远"，意译是"甘美酒食"。这个词语，过去老北京与江浙大城市里的大餐馆中常见。我所见较近的一例，是启元白（功）先生为北京功德林素菜馆所写，挂在该馆三层楼雅座墙上的。

"莫穊角存"，意译是"子孙昌炽"。用途甚窄，解放前常用在贺喜宴会中，如结婚、生子、期颐双寿并多子多孙等。

"知唐桑艾"，意译是"所见奇异"，拙见，它倒有点类似于英语回语中常用的惊叹用字："Wonderful！"它的用途相当宽。除了上述两种情况即酒食、喜庆外，只要是耳目所见，用之无不相宜。我就常常学着用。这点小小的文献常识，我的老师和老同学一两代人几乎全都明白，即使记不住，也知道怎么去查。我想，《光明日报》和专门出版古代文献的出版社，如国家图书馆出版社，是这么想的，因此，也没有加注。那是把这一版的读者都看成研究中国古代文献的内行里手啦!可是,时移代换,当代年轻的读者可能阅读起来有点费劲,故愿借《文史知识》一角,略作说明如上。我也后悔干这种藏猫猫的文字游戏,决定以后不再这样做了。

二十年前旧板桥
——桥与爱情

清江一曲柳千条,二十年前旧板桥;
曾与玉人桥上别,更无消息到今朝。

这是唐代著名诗人刘禹锡仿民歌所写的七言绝句一首,清丽纤绵而明白如话,更不劳人笺注,真是妙品,天籁也。

这首诗点明了:桥,常为文学作品中恋人相会之所。

按:先秦古老传说中,早有尾生守信的故事。他与女子相期会于桥下,女子不至而洪水骤至,他守信不去,抱桥柱而死。这故事悲剧色彩太浓,桥下也像是间谍接头之处而非正当恋爱之所,因此后来只当作守信用的典故流传,爱情成分冲得极淡。

在中国文学作品中，典型的与桥和恋爱相关的情节是"二十年前旧板桥"式，以中年男子犹吊遗踪的剪影，为特写镜头式的描绘。如晚唐韩偓《重过李氏园亭有怀》中有"往年同在鸾桥上，见倚朱阑咏柳绵，今日独来春径里，更无人迹有苔钱"几句。宋代大词人周邦彦更借刘阮入天台神话，写成态浓意远的《玉楼春》："桃溪不作从容住，秋藕绝来无续处。当时相候赤栏桥，今日独寻黄叶路。"注意：神话中并无此桥，周氏添出，难道他少年时有此类经历么？否则，怕写不出那呆作两譬别饶姿态的

明代张灵绘《织女像》

结尾:"人如风后入江云,情似雨馀黏地絮。"

更典型的是"白蛇传"神话中的断桥。借名胜中名桥为故事中人物初会之地,巧借外景已是不凡。更妙在一借再借,旧情重续亦在此桥:"虽然是叫断桥桥何曾断,望湖边避雨处风景依然。"

古老的牛郎织女神话中,搭鹊桥供夫妻被迫无奈分居两地者过探亲假。化无桥为有桥,此桥竟搭在天河上,搭桥用具又是人们绝对想象不到的活动物鸟类,而且一年一度,照搭不误。先民的这一点大胆新奇想象,不能不使后人叹为观止[①]。

外国人好表演恋爱,可是,在利用桥这一道具方面却是平平,没见什么高招。常见的情节是:经历许多磨难的恋人,多年后不期而会于某一长桥,各从一方走到一起,叙旧后,知道覆水难收,分手各奔前程。这一场景以配上美国电影《魂断蓝桥》中的那一首乐曲为常——这种手法老调频

---

① 中国古人有丰富的搭浮桥经验,并从而想象出以水生动物搭桥的神话来。如:《竹书纪年》中载有:"周穆王三十七年,伐楚。大起九师,架鼋以为梁。"《拾遗记》中把历史推得更远:"舜命禹疏川,奠岳,济巨海,鼋以为桥梁。"这些是否影响了鹊桥意匠的构思呢?拙见是,至少,此种以水生大型硬壳动物搭桥的办法不难想出,雨后积水,用大砖头等物垫起来一步一步走就是。鼋鼍架桥,可能由此种生活实践中生发。再说这些蠢然大物连接起来也容易,而且并不美观,难说想象新奇。恋人相会,脚踩这些蠢物,未免大煞风景。所以,鹊桥架在天河上,这一段美丽风景,绝对是先民智慧的结晶。

弹,与惊涛拍岸显示心潮澎湃、放声大笑表现绝不赞成等同归滥调矣。伤心的是,我国电视剧、电影中有时还在学别人这种一般化的东西。其实,咱们的祖先,在桥上讲起恋爱来,可真有些出神入化之处,值得后人推陈出新,加以继承和发展呢。

逝者如斯夫！不舍昼夜
——孔子的妙喻之一

时间，它无处不在，但不占有空间；人们脱离不了它，可又逮不住它；谁也不能消灭它和改变它。人类的活动永远在时间中进行，我们能通过意识去理解它，描述它。为此，聪明的人们每每借助于一种参考系统来观测它的效应，甚至进行"计量"。"海上生明月，天涯共此时"，这就是人们之间简便地交流时间观念的方式。机械传动的钟表和

孔子

液晶显示的数字,这两种现代的参考系统把时间的"计量"搞得相当精密。当然,在文学家心目中,现代化的手段过于理智、机械,缺乏那种悠然不迫的劲儿。这时,人们——特别是有文化素养的中国人——往往会想起孔子,他采用了另一种参考系统,创造了一个比喻,第一个运用形象化的语言描绘出一幅富含哲理义蕴的图景:

　　子在川上曰:"逝者如斯夫?不舍昼夜!"
　　　　　　　　　　　　(《论语·子罕》)

　　流水,它向一个方向运动,不可逆转,不能固定,连续不可分割,转瞬即逝,这些特点都可用来和时间作比。这个比喻贴切而又形象,把看不见摸不着的时间给意识到了。更难得的是还带有那么一小点感喟,休得看轻这一小点,它使时间蒙上了一层感情色彩的轻纱,把时间和人生紧紧地结合在一起了。从此,在中国文学的长河中,流水与时间、与心绪,形成了传统性的联系。在各个时代的作家笔下,它在不断地丰富与变化：

> 卫洗马初欲渡江，形神惨悴，语左右云："见此茫茫，不觉百端交集。苟未免有情，亦复谁能遣此！"
>
> （《世说新语·言语》）

流水在这里更加具体化为一个巨大的客体——奔腾的长江江水。抚今追昔，一个被迫流亡的知识分子心潮澎湃。政治的、时事的内涵加了起来。时间、巨大的水流、丰富的激荡着的情感，这三者紧密地交织在一生起了。涓涓细流化成滔滔大江，轻微的慨叹膨胀为满怀激情，时间的投影也就显得更加绚丽与波澜壮阔。卫玠对孔子比喻的这一发展非比寻常，他启发了后世多少才人。

我们看那位曾经长期住在长江边的李后主是在如何地眷恋故土和打发时间：

> 自是人生长恨水长东。
>
> （《乌夜啼》）

> 问君能有几多愁？恰似一江春水向东流。
>
> （《虞美人》）

流水落花春去也，天上人间。

（《浪淘沙》）

王静安先生《人间词话》云："词至李后主而眼界始大，感慨遂深，遂变伶工之词而为士大夫之词"，并举以上诸句为证，评云："《金荃》《浣花》，能有此气象耶！"实则那些词句都是由孔子、卫玠的话脱化而来，当然带有知识分子（士大夫）气味。而带有真实感情的慨叹，由于采用壮阔的江流为载体，就更加气象万千。

故国神游，把长江的流水和历史长河联系起来的大手笔从东坡居士开始：

大江东去，浪淘尽千古风流人物！

（《念奴娇》）

当时只是初次遭受贬谪的苏轼，把流水与时间、历史与现实、英雄事业与个人遭际有机地综合，心潮起伏，大声鞳鞳。铁板铜琶，自当为千古绝唱。而把这一命题发挥得淋漓尽致的，则有：

大江东去浪千叠。
水涌山叠，年少周郎何处也？……鏖兵的江水犹然

> 热,好教我情惨切!(云)这也不是江水,(唱)这是那二十年流不尽的英雄血!

这是关汉卿的杂剧《单刀会》第四折中著名的几句。当然,断不是长江大河独霸了时间,也有那飘泊着落花的小溪:

> 花自飘零水自流,一种相思,两处闲愁。

这是李清照《一剪梅》中的名句。流水、落花,两种可资参稽的时间参照物互为补充,暗示美好时光的流逝。漱玉此句自后主词化出,有其文采遗风,但两个"自"字说明只不过是自然而然的逝去。它纯属白描,勾勒出一位生活在优雅的文化小圈子中的思绪缠绵的少妇的淡淡离愁。

到了近现代,"时间—流水—思潮"这个古老的传统性比喻手法更被广泛使用,可以根据电影、电视中的用法把它们概括成两大类型:

时间流逝类:两个事件中穿插流水镜头一段。

心潮澎湃类:海浪冲激礁石,主人公胸中定有一番交战,同时暗示时间在激荡中逝去。

由于使用频繁,陷于一般化,形成浪费。长此以往,这个传统性的比喻势必先去光彩。怎么办?只有推陈出新一途。其实很简单：加上有自己特色的东西，便能化腐朽为神奇。例如影片《城南旧事》中，多次用老北京水井房长条石槽内的小股流水来表现时间缓慢地流逝。它既有老北京的特殊风貌，又与全片进程情绪一致，似乎带有薄薄的思旧心情。这里见出导演的匠心。看厌了类型化手法的观众，顿时有耳目一新之感。推陈出新，进行再创造，在于豪杰之士。

岁寒,然后知松柏之后凋也
——孔子的妙喻之二

孔子这个人很会打比方。他创造的若干比喻,如用流水喻时间流逝,用朽木不可雕喻本质坏了的人无法造就等,都十分恰当,世代流传,成为传统性的比喻。另一个比喻更为著名:

> 子曰:岁寒,然后知松柏之后凋也。
>
> (《论语·子罕》)

说得很有分寸,是"后凋",相对先凋而言。后人说"寿比南山不老松",则陷入形而上学矣。

孔子用它来喻指什么?先秦两汉说解者多家,具引如下：

孔子曰：君子通于道谓之通，穷于道谓之穷；今丘抱仁义之道以遭乱世之患，其何穷之为？故内省而不穷于道，临难而不失其德。天寒既至，霜雪既降，吾是以知松柏之茂也。陈蔡之隘，于丘其幸乎。

（《庄子·让王》《吕氏春秋·慎人》《风俗通·穷通》并同）

君子隘穷而不失，劳倦而不苟，临患难而不忘细席之言。岁不寒，无以知松柏；事不难，无以知君子。

（《荀子·大略》）

桃李茜粲于一时，时至而后杀。至于松柏，经隆冬而不凋，蒙霜雪而不变，可谓得其真矣。

（《文选·左思招隐诗注》引《荀子》）

岁寒然后知松柏之后凋，世举混浊，清士乃见。

（《史记·伯夷列传》）

夫大寒至，霜雪降，然后知松柏之茂也。据难履危,利害陈于前,然后知圣人之不失道也。

(《淮南子·俶真训》)

总结诸说可以看出,孔子这个比喻的内涵与适应范围如下:

一、只适用于硬朗的老人。

二、是从政治上作出的评价。

三、是通观一生作出的评价。

四、是经过与他人对比作出的评价。

总之,这个比喻,称颂的是政治上经历严重考验而不失操守、气节凛然而又有所建树的老人。

这个比喻,因其有丰富的多方面的涵义,后世常从某些角度变化使用,如以"青松"比喻建立功业。逐渐地发展为红日照青松称颂逝者不朽,更非孔子本意矣。电影中发展衬托英雄人物之逝去,实为借用:人虽凋而事业不凋。近来这种镜头应用过多,但因其本身形象巨大、严肃、带悲壮意

岁寒图

味，尚有气势。可是，若老是抬起镜头绕着日照的松林顶上一转，配以哀歌，到处套用，那么，多有生命力的感染力必会大大削弱。但也不必善刀而藏之，要创造性地使用它，加上有自己特色的新的内涵，让它焕发出新的青春光彩。古代的作家曾给我们作出许多榜样。例如，北宋大文人黄庭坚，在他的《和高仲本喜相见》一诗中，结合着培育出才华横溢的接班人来称颂老一辈，把孔子的比喻用得既亲切又使人耳目一新；

有子才如不羁马，知公心是后凋松。

博　喻

　　钱默存先生在《宋诗选注》一书中评价苏轼时讲道："他在风格上的大特色是比喻的丰富、新鲜和贴切，而且在他的诗里还看得到宋代讲究散文的人所谓'博喻'或者西洋人所称道的莎士比亚的比喻，一连串把五花八门的形象来表达一件事物的一个方面或一种状态。这种描写和衬托的方法仿佛是采用了旧小说里的'车轮战法'，连一接二的搞得那件事物应接不暇，本相毕现，降伏在诗人的笔下。"

　　博喻，就是用几个比喻来说明一个问题。它约有两种手法。

　　一种可叫作"连续攻击法"，或如钱先生所说可称"车轮战法"。它是连用同类的比喻来形象化地描绘、衬托、说明一个事物的某一点。像钱先生所举苏轼的《百步洪》第一首写水波冲泻的一段："有如兔走鹰隼落，骏马下注千丈坡，断弦离柱箭脱手，飞电过隙珠翻荷"，四句里七种形象，错综利落，可都是形容水波冲激得快的。这种做法，施之于文艺作品，便造成一种顺流而下的磅礴气势；施之说理文章，有如连珠箭，也容易使读者招架不住，举手归降。但是，此种车轮战手法的缺点是比较单调，也容易缺少回味。

另一种手法，可名之为"三战吕布法"，是用若干比喻分别从不同方面来说明、描绘某项事物，好比刘、关、张同时摆动兵器，三面夹攻吕布一般。这种办法，用来比喻那种并非具体的事物或状态，而是一种思想、一种情绪、一种心理状态时，特别有效。如钱先生引《庄子·天运》中连用五个比喻来说明政治措施要因时制宜，否则就不合时宜。这五个比喻是用"刍狗已陈"，说明过时的东西已经不灵了；用"舟行陆"与"车行水"说明采用不合适的手段硬干行不通；用"猿狙衣周公之服"，说明生搬硬套不会被接受；用"丑人学西施捧心"，说明生搬硬套别人行之有效的办法不一定合乎本身情况。这几个比喻从不同方面来说明一个问题，比喻本身相当幽默而深刻，使人回味，因而是成功的。

宋人贺铸《青玉案》一词的结尾："试问闲愁都几许？一川烟草，满城风絮，梅子黄时雨"，也是连用三个比喻，都是用来形容"闲愁"之多的。"闲愁"者，青年男女"思春"之情绪也。虽不一定有对象，却实有此情绪、心情。妙在以设问提起,更妙在答问连用三个比喻,以一个比喻描绘一个方面:"一川烟草",形象化地说明春思正蓬蓬勃勃地生长与发展,它多,它丰富,它又笼罩在迷蒙之中;"满城风絮",形容春思"无处不飞花",飘无定处,有一种无着落感。所谓"飘茵落溷都无恨。恨在飘零未定时";"梅子黄时雨",江南的黄梅雨是毛毛雨,下起来没完,但不是飘泼狂飑,却是雨丝风片,缠绵不断,时雨时晴。梅子又是酸溜溜的。

此种借景喻情博喻法,余味无穷。贺铸因此词而得名"贺梅子",良有以也。

退士闲篇

竹林七贤与《竹林七贤图》

竹林七贤是三国时代魏国末年七位名士的合称。他们是嵇康、阮籍、山涛、向秀、刘伶、阮咸、王戎。据说他们在魏晋易代前夕政治局势动荡不安之际,曾在山阳(今河南修武)作竹林之游,肆意酣畅,因此称为竹林七贤。

七贤竹林之游的记载,今所见资料首见于《三国志·魏书·嵇康传》裴松之注所引嵇康之兄嵇喜所作《嵇康传》。说明此会当时已著在人口。晋代以下,清谈名士一向推崇竹林七贤,把他们看成老典型。以七贤竹林之游作为图画题材,在晋代早已流行。大画家戴逵、顾恺之都画过《七贤图》,可惜失传。东晋南朝崇尚清谈,爱重名士,连高层统治阶级人物也每以名士风流自命。六朝至隋唐初,贵族墓葬中屡见砖刻竹林七贤壁画,可见一斑。其中最完整的有代表性的是南京西善桥大墓所出《竹林七贤和荣启期》砖刻壁画。此墓可能是陈宣帝陈项显宁陵，1960年4月发掘。出土文物中最有价值的就是此画，现已驰名中外。

此画分为两幅，分嵌于墓室南北两壁中部（墓向东70度），各长2.4米、高0.8米、距底0.5米，估计是先在整幅绢上画好，分段刻成木模，印在砖坯上，再在每块砖的侧面刻就行次号码，待砖烧就，依次拼对而成的。南壁壁画自外而内为嵇康、阮籍、山涛、王戎四人，北壁自外而内为向秀、刘伶、阮咸、荣启期四人。各人之间以树木分隔，成各自独立的画面。各人一侧均有署名题榜。

嵇康左首绘银杏一株。嵇康头梳双髻，无巾饰，双手弹琴，赤足坐于豹皮褥之上。按，嵇康（223—262年）字叔夜；谯郡铚（今安徽宿县）人，著名的文学家、哲学家和音乐理论家。他与魏宗室通婚，拜中散大夫，所以世称"嵇中散"。他崇尚老庄，属于服食（服五石散）求神仙一派，博综技艺，于丝竹特妙，善鼓琴，著有《琴赋》《声无哀乐论》等音乐论著。因不满司马昭黑暗高压政治，持坚决不合作态度，言词激烈，又遭到钟会构陷，被杀。临刑弹罢琴曲《广陵散》而终。此画上不巾不履怡然弹琴的形象，正表现出他平居的高迈绝俗的特色。

其次为阮籍，与嵇康隔松树一株，头戴帻，身着长衫，侧身而坐。一手支褥，一手置膝上撮指作啸状，赤足。旁置瓢、尊。按，阮籍（210—263年），字嗣宗，陈留尉氏（今河南开封）人。三国曹魏文人集团"建安七子"中阮瑀之子。他虽少孤，但按其父与曹操父子的关系，他是不能显附司马氏的。可是他比较圆滑软弱，见到易代之际名士少有全者，就

孙位《高逸图》中的阮籍

不与世事，口不臧否人物，纵酒谈玄，属于饮酒一派，想糊涂了事。他曾任步兵校尉，世称阮步兵。在七贤中，他的文学成就最高，《咏怀》诗八十首是代表作。啸，是当时文士爱作的一种噘口发出的悠长声音，阮籍最为擅长，《世说新语》说"阮步兵啸闻数百步"，注引《魏氏春秋》："嘐然长啸，韵响寥亮。"

阮籍之旁为一株槐树，然后是山涛，头裹巾，赤足曲膝坐褥上，一手挽袖，一手执耳杯，前置瓢、尊。按，山涛（205—283年），字巨源，河内怀（今河南武陟）人。喜爱老庄学说，这是他与嵇、阮等人饮酒谈玄的唯一共同思想基础。他与司马懿有亲戚关系，见司马懿与曹爽争权，隐居不问世事。司马师执魏政时他出仕，后曾举嵇康自代，嵇康为

此写了著名的《与山巨源绝交书》，是构成嵇康杀身之祸的原因之一。《晋书·山涛传》记："涛饮酒至八斗方醉，帝欲试之，乃以酒八斗饮涛，而密益其酒，涛极本量而止。"此画描绘出山涛的饮酒神态。

山涛之旁垂柳一株，然后为王戎。王戎露髻，一手靠几，一手弄如意，仰首曲膝赤足坐褥上，前置瓢尊一具、耳杯一只。按，王戎（234—305年），字濬冲，琅琊临沂（今山东临沂）人。在七贤中最年轻，竹林之游时不过十几岁。《晋书·王戎传》记："戎每与籍为竹林之游"，"为人短小任率，不修威仪，善发谈端"。庾信乐府《对酒歌》有"王戎如意舞"之句，这幅画面具体地体现"王戎如意舞"的诗境。注意，那时的如意等于现代的搔痒扒，前端也作五指形，与后来的云头如意大不相同。

王戎之后栽有银杏一株，南壁画面至此结束。

北壁壁画始于向秀，其旁也先绘银杏一株。向秀，字子期，与山涛是同乡。画绘向秀头戴帻垂带，一肩袒露，赤足盘膝坐皮褥上，闭目倚树，作沉思状。《晋书·向秀传》记秀："雅好老庄之学，庄周著内外数十篇，……诱乃为之隐解，发明奇趣，振起玄风，读之者超然心悟，莫不自足一时也。"这幅画表现出向秀闭目沉思《庄子》真义的神态。

向秀之旁垂柳一株，然后为刘伶。画上写作"刘灵"，"灵"是假借字，"伶"是本字，因为他字伯伦，取"伶伦"之意。他是沛国（今安徽宿县）人。画中绘刘伶露髻，曲一膝，赤足坐于皮褥上，一手持耳杯，一手作蘸酒状，双目凝视杯中。关于刘伶好酒的记载，在《晋书·刘伶传》中有很多，《文选》亦记其著《酒德颂》。画面充分刻画了刘伶嗜酒成性的神态。

刘伶之旁银杏一株，然后是阮咸。阮咸字仲容，阮籍的侄子，与阮籍合称"大小阮"。画中绘阮咸头戴帻，垂飘带于脑后，赤足盘膝坐皮褥上，挽袖持拨，弹一四弦乐器。按《晋书·阮咸传》："咸妙解音律，善弹琵琶。"按，这种琵琶又名阮咸，传为咸所创用，故名。这种乐器以前仅见于唐画，也有唐代实物存在，藏日本正仓院。此画早于唐代，关于乐器阮咸的形状及其弹奏之法，都明白可见，极为珍贵。

以上所画七贤，南四北三，不成比例。于是在阮咸之旁画上阔叶竹一株，暗示竹林至此结束，然后画荣启期以求对称。据《高士传》记载，孔子游于泰山，见荣启期鹿裘带索，鼓琴而歌，乃是一位"高士"，正好与七贤同列。画面上的荣启期披发，长须，腰系绳索，弹五弦琴，盘膝坐于褥上，正是孔子所见的形象。

古代画工有以名家画本作底稿的风习，后代画家也常临摹前代名画。传世七贤图除考古发掘所得南朝砖刻壁画三幅外，尚有《竹林七贤画像残石》《洛阳存古阁藏石目》著录，存山涛、向秀、阮籍、阮咸四像，今有拓本流传。还有上海博物馆所藏的唐代画家孙位所作《高逸图》，经承名世先生考证（文载《文物》1965年第8期，附照片），就是七贤图的残卷，首尾失去，只剩中段，存山涛、王戎、刘伶、阮籍四像。石刻与画卷中的形象，与砖刻大同小异，可能出于另一粉本系统。明清时代画七贤图的名家很多，但因画家对魏晋南北朝风习与衣冠形制、生活用具等已不熟悉，所画只可认为是历史题材画，而不能起较真实地反映当时生活风习、器物形制的风俗画的作用了。

按：竹林之游，从七贤形迹看，大约在正始九年（248年）之后，时间不会太长。所谓"一会千秋"者是也。

［附记］本文系综述性质，内容多来自《南京西善桥南朝墓及其砖刻壁画》（发掘简报，《文物》1960年第8、9期合刊），请参看。

退士闲篇

文学作品中的科学描述

陈寅恪先生在1932年曾为清华大学学生出对对子试题"孙行者",在应答的下联中,可选的有"胡适之""祖冲之""王引之"等。其中哪个最佳?这个问题历年均有讨论。这几年规模较大的一次是在《燕都》杂志上,先是我在1989年第1期发表了《"孙行者"对以"胡适之"的始末及通信二则》,然后有先师周燕孙(祖谟)先生在1990年第2期发表了《陈寅恪先生讨论对对子》,末后则有卞先生在1992年第2期发表了《纪念陈寅恪先生出对联考题六十年》。最后,友人卞毓麟和我的师弟周士琦又相继为文谈论。士琦师弟认为,从对联艺术角度来看,当以对"胡适之"为佳,我很赞成。毓麟兄则认为,"祖冲之"是科学家,让学生多从科学方面考虑,也是好的。这件事又使我想到了另一个问题：在有些文学艺术作品中，关涉到科学问题时，咱们应该怎样对待呢？

这个问题是由我所知道的一件旧事引起的。我担任北京中华书局《文史知识》杂志编委，1982年，我和杨牧之同志向周培源老校长约过一篇稿，发表在那一年的第5期，题目是《自学成才要有文史知识》。其中有一段说得极好，辄引如下：

> 竺可桢同志是我国和世界著名的气象学家和物候学家。他从青少年时代就对我国古典文献十分爱好，广泛阅读，至老不衰。他在专业的研究中，大量地引用了古典文献。他在物候学的研究中，引用了许多古代的诗句作为证明。例如，在谈到长江黄河流域海拔超过四千米的地方不但无夏季而且也无春秋时，就引李白《塞下曲》："五月天山雪，无花只有寒。笛中闻折柳，春色未曾看。"说明这是记实。……王之涣《凉州词》："黄沙直上白云间，一片孤城万仞山。羌笛何须怨杨柳，春风不度玉门关。"这是很合乎凉州以西玉门关一带春天情况的。玉门关是古代通往西域丝绸之路的必经之地，唐朝开元时代，写边塞诗的诗人，对于安西玉门关一带春天几乎每天日中都要刮起黄沙、直冲云霄的情况是熟悉的。但后来不知在何时，……第一句便被改成

"黄河远上白云间"。……实际上黄河和凉州及玉门关谈不上有什么关系。

竺可桢同志这番考证，比起一般的考证更进一步，更带有科学性，所以更有说服力。

我引了这么多，实在是觉得周老说得太精彩了。从文学艺术角度看，"黄河远上"的艺术性显然要比"黄沙直上"强。有人评此诗为唐诗中"压卷"之作，恐怕就是根据"黄河"那个版本；要是根据"黄沙"版本，大约就要落选啦！可是，我总在想，凡事总要服从真理，而科学是说明和证明真理的学问。"黄河远上"诚然是美，可是终究与地理、物候、气象、地貌等科学不合。这是一。中国古代文学艺术作品能证明科学道理，这是一件大好事。咱们找还找不着呢！如果原文就是那样，干嘛非得要改造它，一定要给它加强点艺术性呢！这是二。唐诗中能压卷的佳作不少，改造这首诗来应景毫无必要。这是三。我们还是服从真理，留下这首诗的古本本来面目吧。其实，古人对此早有议论。宋朝计有功（字敏夫）的《唐诗纪事》中讲到旗亭画壁那则脍炙人口的故事时，用的就是"黄沙"之句。犹记周老文章发表后，一位古典文学研究前辈曾驰书来，要进行讨论。笔者末学浅见：从意境看，"黄河远上"方可称唐诗中压卷之作。可是，从物候、气象等科学的角度看，失去一首能精确表达河

西走廊自然景象的诗例未免太可惜。笔者在按照"黄河远上"版本学习的时候,心底常常泛出清代人吴骞的一首诗来:

　　画壁当年事久徂,歌来皓齿定非诬。
　　如何"直上黄沙"句,真本翻归计敏夫!

了一老师论"对偶"与"对仗"
——为纪念王了一（力）老师诞辰一百周年而作

了一老师关于"对偶"与"对仗"的重要论述

了一老师对于汉语修辞学重要辞格之一的"对偶"，以及对偶辞格在中国古代应用汉语写作的诗词曲"格律"中的具体应用——"对仗"，均有多次十分清晰的理论性讲述与举例说明。主要见于您的著作《汉语诗律学》《诗词格律》《诗词格律概要》三书（初版均为单行本，后收入《王力文集》第十四、十五两卷，以及《诗律馀论》《中国古典文论中谈到的语言形式美》《略论语言形式美》三文中（后并收入《龙虫并雕斋文集》）。

拙见以为，总的说来，汉语语言学整体上的空前的可以说是质变型的飞跃提高，以及在这种提高指导下的深入浅出的普及，当然是在解放后，特别是在二十世纪五十、六十年代。这方面的情况有目共睹，毋庸再论。其中，了一老师起了相当大的作用，也是不争的事实。他老人家之所以能成为一代宗师，与在这方面发挥出的巨大作用，以及发表与主编的大量著作有着密切关联。

众所周知，了一老师解放前主要致力研究的重点和发表的著作，在汉语音韵学、语法学等方面。解放后的重点似乎转向古代汉语教学体系的创立，以及相关知识的普及。从普及的角度看，从普及与提高相结合的角度看，他老人家在主要属于古代汉语范畴的诗词曲格律方面所做的工作，都可说无人能及。如果说整个古代汉语教学体系的建立，虽然以王老师的体系为主，也融入了大量他人的包括当时中青年学者的心血；那么，从诗词曲格律普及的角度看，可以毫不夸大地说，了一老师的贡献无人能及。可惜的是，尽管在这方面受惠的可说遍及海内外广大诗词曲以及楹联等爱好者、研究者，但对于王老师所作贡献的深入研究者较少。

以下，摘引了一老师著述中有关对偶、对仗与对联的讲述，并敷衍拙见：

> 对偶就是把同类的概念或对立的概念并列起

来。……对偶可以句中自对，也可以两句相对。……一般讲对偶，指的是两句相对。上句叫出句，下句叫对句。

对偶的一般规则，是名词对名词，动词对动词，形容词对形容词，副词对副词。

对偶是一种修辞手段，它的作用是形成整齐的美。汉语的特点特别适宜于对偶，因为汉语单音词较多，即使是复音词，其中的词素也有相当的独立性，容易造成对偶。对偶既然是修辞手段，那么，散文古诗都用得着它。

（《王力文集》第十五卷第318页：《诗词格律》）

诗词中的对偶，叫做对仗。古代的仪仗队是两两相对的，这是"对仗"这个术语的来历。

律诗中的对仗还有它的规则，……这个规则是：

（1）出句和对句的平仄是相对立的；

（2）出句的字和对句的字不能重复（至少是同一位置上不能重复）。

对联（对子）是从律诗演化出来的，所以也要适合上述的两个标准。

（同上书，同页）

对仗，指的是出句和对句的词义成为对偶，……拿今天的语法术语来说，就是名词对名词，代词对代词，形容词对形容词，动词对动词（有时候，动词，特别是不及物动词可以对形容词），副词对副词。

（同上书，第548页）

对仗首先要求句型的一致。例如杜甫诗《旅夜书怀》中首联出句"细草微风岸"，这是一个没有谓语的句子，必须找另一个没有谓语的句子"危樯独夜舟"来对它。……

对仗要求词性相对，名词对名词，……上文已经讲过了。此外还有三种特殊的对仗：第一是数目对，……第二是颜色对，……第三是方位对，名词还可以分为若干小类，如天文、时令、地理等。……凡同一小类相对，词性一致，句型又一致，叫做工对（就是对得工整）。……邻类相对也算工对。两种事物常常并提的，也算工对，……有所谓借对，这是借用同音字为对，……

凡五字句有四个字对得工整，也就算得工对。七字句有四五个字对得工整，也就算得工对。

有一种对仗是句中自对而后两句相对。这样的对仗就只要求句中自对的工整，不再要求两句相对的工整，只要词类相对就行了。

（《王力诗论》，第125—127页）

对仗的范畴越小，就越工整。现在我们将讨论对仗的范畴。诗人们对于动词、副词、代名词等，都没有详细的分类；形容词中，只有颜色和数目（如果把数目认为形容词的话）是自成种类的，其馀也没有细分。因此，所谓对仗的范畴，差不多也就是名词的范畴。诗人们对于名词，却分得颇为详细。在同一种类相为对仗者，叫做工对；否则可以叫做宽对。不过，名词的范畴似乎也没有明文规定，只有科举时代某一些韵书里附载着若干门类。现在大致依照传统的说法，略加分析，并叙述如下［王老师将"范畴"分成十一大类，以下再各各分门：第一类分天文、时令二门；第二类分地理、宫室二门；第三类分器物、衣饰、饮食三门；第四类分文具、文学二门；第五类分草木花果、鸟兽虫鱼二门；第六类分形体、人事（一部分由动词转成）二门；第七类分人伦、代名对二门；第八类分方位对、数目对、颜色对、干支对四门；第九类分人名对、地名对两门；第十类分同义连用字、反义连用字、连绵字、重叠字四门；第十一类分副词、连介词。助词三门。共二十八门］

（《王力文集》第十四卷，第184—202页中节引）

邻对虽比工对略逊一筹，也还算是近于工整的一方面的。一般的邻对，大约可分为二十类：第一，天文与时令；第二，天文与地理；第三，地理与宫室；第四,宫室与器物;第五,器物与衣饰;第六,器物与文具;第七,衣饰与饮食;第八,文具与文学;第九,草木花卉与鸟兽虫鱼;第十,形体与人事;十一,人伦与代名;十二,疑问代词及"自""相"等字与副词;十三,方位与数目;十四,数目与颜色;十五,人名与地名;十六,同义与反义;十七,同义与连绵;十八;反义与连绵;十九,副词与连词介词;二十,连词介词与助词。

(《王力文集》第十四卷,第208—209页)

对联(喜联,挽联,楹联,春联等)在原则上须用工对(包括借对和"诗""酒"一类的对立语),不大可以用邻对,更不能用宽对。但如果上联句中自对,则下联也只须句中自对,上下联之间不必求工。……甚至于上联和下联之间几乎完全不像对仗,只要句中自对是一种工对,全联也可以认为工对了。

(《王力文集》第十四卷,第215页)

在对仗上有一种避忌,叫做"合掌"。合掌是诗文对偶意义中的现象,事实上就是同义词相对。整个对联都用同义词的情形是罕见的。我们也很难找到完全合掌的例子。但是,近似合掌的例子则是有的,那就是《文心雕龙》所谓"正对"。《文心雕龙》说:"反对者,理殊趣合者也;正对者,事异义同者也。"所谓"事异义同",就是说典故虽然不同,但是意义相同。……《文心雕龙》说:"反对为优,正对为劣。"正对既然被否定,合掌更应该被否定了。

(《王力文集》第十四卷,第222—223页)

王老师有关对偶、对仗方面的主要论述内容,大略如上所引。其他散见于论文、专书、教材中的相关论述甚多,阅读所及,大要不出上引范围,不赘引。现在根据以上引文,略加分析。

王老师是从现代修辞学和语言学理论的角度来分析汉语中的对偶现象的。您给对偶下的定义是"把同类或对立的概念并列",这是通用于各种语言的一个根本性的定义。也说明,对偶的作用是"形成整齐的美",这也是从根本上下的定义。以上都可说是"放之四海而皆准"的。给对偶设立的"一般规则",是"名词对名词,……副词对副词",这是基于从西方引进并已经过现当代语言学界认同的语法、词汇学角度给出的"一般规则"。在结合汉语特点作分析时,主要是从词汇的角度指出,汉语特别适于对偶。

笔者以为,王老师应用现代语法学、词汇学来说明汉语中的对偶现象(主要在解放后提出),实在是您老人家的一项创举。现在跟在后面人云亦云的可就多了。追本溯源,恐怕还得推您老人家为这方面的祖师爷。这对于此后应用对偶这种"修辞手段"来写作"散文与诗(按:王老师似乎在此用"诗"来代表"韵文")"的人,是一种严格的规范。当代的人经过科学的洗礼,在语言文字应用方面总应该胜过古人一筹,起码是得比古人更科学一些,更现代化一些。我们按此严格执行,绝对是应该的,有好处的。

可是,我们在学习王老师以上论述时,千万不可胶柱鼓瑟。您老人家是从大处着眼的,是为规范此后的使用对偶辞格(或说此种修辞手段)写作立规矩。若以之对古人的创作"对号入座",必然扞格不通。当然,总的来说,古人的写作距离王老师严格的定义范围也是八九不离十。王老师的定义也是斟酌古今而定的,乃是通人之论。

王老师讲汉语的"特点特别适宜于对偶",一般的提法是仅从词汇的角度立论,很少涉及文字领域。笔者以为略显不足。笔者以为,方块字是构成汉语对偶这种修辞手段特别盛行的重要载体。试试看,如果把律诗特别是对联中相对的两句换成汉语拼音写法,您看看效果如何?再说句题外话,汉语语音自古至今变化较快,方言也多。至今,广东人或上海人口头骂我,笔者茫然;他要是写下来,我肯定看得明白。千百年来维系中华民族大团结者,汉字的功劳极大。杨树达先生在1953年写的《增订本〈中国修辞学〉自序》中曾大为感慨地说:"颇闻国人方欲取民族形式之文字改用异民族形式之音标为之。文字之不保,何有于修辞!"笔者以为,起码在对偶这一点上,强烈地反映出这个问题。上引王老师有关对偶的论述多写作于杨先生此序之后,彼时文字改革之风方兴未艾。王老师是极为聪明的人，又应邀参与文字改革的事，只能王顾左右而言他，不与那些人争一日之短长了。

汉语中具体应用对偶于文辞之内，称为对仗。王老师在这方面的论述，可以说达到了酣畅淋漓的地步，非常全面与深入。当代论诗词曲与楹联之对仗者，据笔者看，若是从现代语言学入手的（传统类型的研究者如启元白先生等另有一工，与此无干，当另作别谈），都只能算是王老师的徒子徒孙，亦步亦趋而已。不过大家都有点像孙悟空，"只说是自家会的"，数典忘祖了。笔者愿在此郑重揭出，王老师是这方面的开山。

上引王老师有关对仗的论述，已经可以代表他老人家这方面论述的精髓。王老师明确指出，对偶只是单纯的修辞手段概念，对仗则是它的实际应用。根据汉语的特点，实用时还必须同时考虑"平仄"，这是这两个概念最大的不同点之一。王老师又从现代语言学的角度，同样严格地规范了"句型""词性""范畴""工对与邻对""合掌"等概念在对仗中的范围和使用方法。这些均已见于前引，不赘述。要补充说明的有两点。

一点是，王老师在这些方面仍然是面对今人立言。我们也不能据此胶柱鼓瑟，用以过分地规范古人。但是，我们照此执行，却是应该的，甚至应该是不折不扣的。不过，再进一步说，最严格的规范是很难在大多数创作中做到的，古人有许多凑合着办的办法，如人名对、地名对和其他的专名对，古人就放得很宽，有时甚至只要尾字平仄相对，也就算通过了。这一点王老师自然是很清楚的。

另一点是，王老师根据阅读古人诗文进行总结，并研究了类书在对仗实用中所起的巨大作用，特别是类书的分类与对仗的互动性质，并创造性地引入"范畴"的概念，对"工对与邻对""合掌"等进行了与之相联系的科学分析。这是王老师创造性的成果之一部分。笔者以为，实应大力表而出之。

了一老师散文创作中的骈俪句

了一老师在您老人家的多种体裁的文学创作实践中，显现出非常喜爱使用对仗手法的状态，而且使用得十分娴熟。以下，分散文、近体诗（七律）、楹联三部分，分别叙述。先说散文。

了一老师是一位散文家。您的散文创作，后来主要收集在《龙虫并雕斋琐语》一书中。创作和发表年代，则主要是在抗战时期与抗战胜利后到解放前一段时期。以杂文为主，差不多都是短小精悍的"千字文"。从修辞手法看，经常采用自创的比喻和骈俪对句。有关比喻的问题，客当另文讨论。这里只对骈俪对句作一些探讨。

先引述王老师此书中的一些原句:

实情当讳,休嘲曼倩言虚;人事难言,莫怪留仙谈鬼。

"芭蕉不展丁香结",强将笑脸向人间;"东风无力百花残",勉驻春光于笔下。竹枝空唱,莲蒻谁怜!

（以上两处引自《生活导报和我》）

身在黉宫,心存廊庙;日谈守黑,夜梦飞黄。

鄙薄巢由,钦崇石邓。

中途失节,古井兴波。

（以上三处引自《书呆子》）

墨痕尚湿,漫滤过于孔宙之碑;纸色犹新,断烂犹如汲冢之简。

在作者方面,虽则推敲曾费九思;在手民方面,却是虚虎不烦三写。

（以上两处引自《战时的书》）

坏甍渗雨,疏瓦来风。庭前晒粪,人成逐臭之夫;

楼下炊粱，身是栖霞之客。而且三楹虽隘，六畜俱全。漫道晏眠已惯，鸡鸣未扰刘琨；无如好梦方酣，牛喘偏惊丙吉。

（以上一处引自《乡下人》）

我自信盛年虽逝，豪气未销。等到黄龙既捣，白堕能赊的时节，定当甘冒燕市之尘，一试春郊之马。

（以上一处引自《骑马》）

人家挞婢如挞犬，体罚施于泥中；我们事仆如事亲，色养行于灶下。吹求岂敢，恭顺未遑。在古人是炊粱不熟，妻可大归；在我们是煮饭夹生，仆无小谴。……曰"妈"曰"嫂"，总是发号施令之人；称"太"称"爷"，无非俯首帖耳之辈了。

（以上两处引自《老妈子》）

你可以把你的爱人的梳头掠鬓，刺绣结绒，倚栏赏花，凭琴度曲，乃至一颦一笑，拍成一种光学起居注。

（以上一处引自《拍照》）

一人惊扰，千人慌张。……于是大家推拉，互相挤压，强者变为"超人"，弱者沦为"下士"，妇孺照例是降入最低的阶层。高跟鞋不翼而飞，近视镜虽坚亦碎。漫舞回腰，已作坠钗之女；空将短发，终成落帽之人。本想"台端"有趣，四座生春；谁知足下无情，一身是土。小破资财，固其宜矣；大煞风景，岂不冤哉！

（以上一处引自《看戏》）

我们的看法是：在"五四"运动后的白话文散文中，王先生在散文创作中使用骈俪对句最多，并与白话有机地结合成完整的一体，毫无斧凿痕。这是王先生散文创作的一个鲜明特色。王先生在讲述"骈体文"中的对仗时，曾经说：

在骈体文中，虚词往往不算在节奏之内的。自从节奏成为骈体文的要素之后，对偶就变成了一"对仗"。特点是上句和下句的平仄要相反，两句在同一个位置上的字不能雷同（像"同声相应，同气相求"就只算对偶，不算对仗）。骈体文在对仗的两句中，虚词是可以雷同的。字的雷同意味着平仄的雷同。由于虚词不算在骈体文的节奏之内，所以这种雷同是可以容许的。

（《龙虫并雕斋文集》第469页：《略论语言形式美》）

老师是很懂骈体文的作法的。然而,王老师传世的成篇的骈体文创作,笔者没有见过,无从学习。上面笔者说过,王老师散文创作中的骈体文句是和现代化的白话文散文有机地结合在一起的,窃以为,这正是王老师散文创作的最大特色。古代的白话小说中存在着许多骈体文句段,但这些骈体文句段往往游离于散文的叙述之外,成为描绘书中人物容貌、衣饰和双方厮杀等状态的形容性质的段落。施以现代标点时,很容易将它们独立成段。王老师的写法则是水乳交融。这一点特色可能是在借鉴中发展了古人的写作方法。

王老师此种做法的另一特色是极富于幽默感,最常用于调侃的场合。这似乎是王老师中年时期骋才或者说发泄才情的一种小手法。毕竟,在音韵学和语法学的专著中,显露文学或说文字才华不太直捷。

王老师只好在这里小试牛刀了。我们似乎也在这里看到了一位大知识分子的童心——游戏的心情,他老人家好像是在工作劳累时玩一玩扑克牌呐。

笔者学习着写过骈体文,也想在自己写的白话文散文中学习王老师,加入一些骈体文句段,借以提气。我觉得,这种我的作法很有点像京剧著名演员谭富英晚年唱戏,悠着唱,一看台下有些松懈,就高唱几声来叫座。可是,我试验的结果是,这样做,比单独写一篇正规骈文要难得多。于是，我更加叹服王老师的深厚功力了。

王老师在解放后不再写作此类散文，这种写法至今无人继承，将成绝响矣。

了一老师的近体诗和楹联创作

王老师的诗作，大多数收入《龙虫并雕斋诗集》，请大家参看，不赘引。要说的是以下三点感受。

一点是，诗集中所载，七律占绝大多数。其中特别以对仗见长。这形成王老师旧体诗创作的一大特色，或者说，重点在是。当代作旧体诗的人，爱作的是七绝；恐怕是因为容易凑成之故。连五绝的作者都少。王老师掌握古代语言十分熟练，基本功异常扎实，对于对仗既熟悉又喜爱，技痒不禁，自然就时常耍起这根如意金箍棒来啦！

另一点是，王老师的旧体诗，就说是七律罢，并非单纯卖弄对仗，而是在平仄上十分调协，特别是在谋篇布局方面异常讲究。一首诗读起来起承转合清楚之极，唯优秀之短论足以当之。实为我们在多种写作方面学习的典范。

再一点是，王老师应用对仗，融入许多新词语，把它们对得很工整。同时，又是在平实中下功夫，丝毫看不出卖弄的痕迹。在内容方面，也常常取老年人谆谆教导晚辈的态度，与中年时写散文中的骈体文那种略涉游戏文章性质迥不相同。这是晚年思想进入化境，炉火纯青的显现。

  最后一点是，特别在创作旧体诗和楹联时，王老师仍不免受到传统写法的影响，不能彻底贯彻我们在前面所引述的那些严格按照当代语言学理论指引总结出的规律。例如，以"叔重"对"相如"，"狂李白"对"老廉颇"，特别是"陶靖节"对"郭汾阳"，都用古人相承的成法。"歌兼舞"对"艳更鲜"，也承袭古人在词性方面只有自发的模糊认识，而不像王老师提倡的那样自觉。可是，读起来浑然一体，全诗气势贯通，也就不再往那些地方细思考了。

  个人所见的王老师的楹联创作不多，但极有特色。下举三联为例：

题桂林叠彩山对联

过五岭近月牙秀水花桥竞秋色；
傍七星邻象鼻层峦叠彩占春光。

题桂林月牙山长联

  甲天下名不虚传，奇似黄山，幽如青岛，雅同赤壁，佳拟紫金，高若鹫峰，穆方牯岭，妙逾雁荡，古比虎丘，激动着倜傥豪情，志奋鲲鹏，思存霄汉，目空培墟，胸涤尘埃，心旷神怡消块垒；

冠全球人皆向往，振衣独秀，探隐七星，寄傲伏波，放歌叠彩，泛舟象鼻，品茗月牙，赏雨花桥，赋诗芦笛，引起了联翩遐想，农甘垄亩，士乐缥缃，工展鸿图，商操胜算，河清海晏庆升平。

挽游泽承（国恩）先生联

硕学自超群，桃李门墙盈九有；
遗编应寿世，蕙蘅洲渚念三闾。

笔者读后十分佩服，认为不愧大联家。特别应该提出的是，明清以来，长联的写作历来称为难点，敢于创作者不多，佳作更少。似王老师题月牙山长联如此气势恢弘、对仗工密者，解放后所见极少。长联中应用了元曲里常用的多组重叠对仗、句中自对等手法，这也是写作长联时惯用的手法，王老师使用得特别熟练，堪称典范。笔者在《学习写对联》一书中曾经重点进行过分析，这里就不再饶舌了。

最后要说的是，清朝末年兴起一股"诗界革命"，提倡"我手写我口"，用当代语言中的新词语入诗，并与古代习用的词语配合使用。楹联中的白话联语出现更早。王老师继承了这一传统而加以更加当代化的发挥，在用典上也大量用旧典咏新事物，都达到熟练得出神入化的地步。例子不胜枚举，亦不赘引。

了一老师连任三届"全国迎春征联"顾问

王老师是连任第一届（1983年春节）、第二届（1984年春节）、第三届（1985年春节）"全国迎春征联"的首席顾问。笔者另草就《王了一老师应〈文史知识〉编辑部之邀参与的三次春节评联活动》一文，已在《文史知识》2000年8月号上刊登。不赘述。

附　录

原书作者致辞

　　作者白化文，就是在下。今年八十已过，乃北京大学退休人员。"退士"者，退休的知识分子也。"闲篇"，按北京人的口语，发音儿化，读作"闲篇儿"。北京人常说"扯闲篇儿"，照我的理解，扯的就是远离现实而又无关紧要的事情。我已多年蛰居京郊，无从谩劳车马，自觉颇有"暮年专一壑"之意境。闲居无事，为了锻炼思维思考能力，不免东翻西拣，自故纸堆中找些自娱的玩意儿。日子长了，多少自觉有得，写出来骗点稿费花花，沾沾自喜。

　　知交姜寻先生见而喜之，建议挑选一些，编为一帙。正中下怀。于是有此《退士闲篇》之集稿。除了供稿以外，其余的活计，全者是姜寻先生等位和出版社诸公代庖。我愿意在此表示自己意重言轻的衷心感谢！

选入此书的三十来篇拙稿，自觉尚有可取之处者，在于想得比知见古今贤人大著或有一些浅见，可供补充。例如，我总觉得，唐季五代以至北宋前期，社会变动颇大，新事物出现不少，其中有那么一些借尸还魂现象。例如，麈尾、如意的形制与使用，初学者就经常迷糊住。唐代的风筝并非纸鸢，宋代以下的用典者笔下的风筝是否就是纸鸢，还得结合上下文来看呢。"樱桃"的作用，特别在唐代与科举、与男女情爱（至少暗喻暗门子以至接吻）都有某种联系。电视片《西游记》《水浒》中沙僧、鲁智深等人使用的"禅杖"与明代版画等图画中他们使用的禅杖大有不同，更与寺院中真正的禅杖完全两码事。以上等等，均为小事，常人不甚注意，或者注意到却一时解释不了，也就抛下了。在下把它们捡起来，试作说明，也算一种尝试吧。

　　作者，也就是在下，向大家汇报如上。知我罪我，是在于群公矣！

2010年3月2日，星期二。紫霄园

《白化文文集》编辑附记

白化文先生各种著述方式的著作,出版的有十几种。此次出版文集,白先生主要选择了其中十一种,按出版年代先后,分别是:《汉化佛教与佛寺》(1989年台湾初版,书名为《佛光的折射》;大陆1989年初版)、《古代汉语常识二十讲》(1991年初版)、《闲谈写对联》(1998年初版,书名为《学习写对联》;2006年再版)、《汉化佛教法器与服饰》(1998年初版,2015年再版)、《承泽副墨》(2002年初版)、《三生石上旧精魂》(2005年初版)、《人海栖迟》(2005年初版)、《汉化佛教三宝物》(2009年初版)、《北大熏习录》(2010年初版)、《退士闲篇》(2011年初版)、《敦煌学与佛教杂稿》(2013年初版)。

此次编辑文集,以原书名为题分集,有的保持原貌,有的进行了一定调整。大体情况如下：

出版较早且风行已久的几种，一仍其旧。如《汉化佛教与佛寺》《汉化佛教法器与服饰》《古代汉语常识二十讲》，完全保持原貌；《闲谈写对联》附录了一篇原在别书的《联语小集》；《三生石上旧精魂》因篇幅关系，调入了其他书中关于佛教的几篇普及性的文字。

另外几种，出于各集均衡以及内容集中的考虑，调整相对较大一些。前者不言自明。后者，诸如——

《敦煌学与佛教杂稿》在诸书中篇幅最大，有一些怀人的文字，也有一些较为通俗的文字。编辑时，主要是集中敦煌学和佛学两方面学术性较强的文字，通俗性文字则予以调整。其中，《什么是变文》一篇则源自白先生与周绍良先生合编的《敦煌变文论文录》（1982年初版）。

《北大熏习录》也是篇幅比较大的，编辑时主要保留与北大相关的文字，其他则适当调出。原来的分辑也做了调整。

《人海栖迟》，内容主要关涉北京（所谓"人海"），故而也调入了一些别书的相关篇章，主要是怀人、记事的，也包括有关北京的书籍的文字。

《承泽副墨》主要收录"阐明或说希望表扬诸位大名家的优秀著作的小文及相关文字"，"以为传道之助"。编辑仍旧本此宗旨，除调出几篇关于北京的人和事的文章，主要是把别书中寿辞、碑文都集中调整了过来。分辑则是将序言与自序合为一辑，另增一辑"寿辞和碑文"。

《退士闲篇》，因与《三生石上旧精魂》有几篇重复，因而主要是调出；同时调入了一篇适当的通俗文字。

《汉化佛教三宝物》是新世纪结撰的佛教普及读物，由于较早出版且很受欢迎的两种佛教读物内容上有重叠，因此没有作为专集。此书独有的几篇文字，则编入适当的集子；《汉文印本大藏经》一文，也采用了此书经过修订的同题文字。

原著的序言（或者前言等），包括他序与自序，一律保留，并作说明。

原书有的分辑，有的不分；有的则在分辑之下，目录中又以空行标示区划。此次整理，绝大部分保持原样，个别的作了一些整合。

除了篇目调整外，此次编辑，更多的是按出版规范要求进行技术处理，尤其是涉及诸多方面的全书规范的统一；当然，也改正了原书存在的极个别的误植或失误。

白先生的著作，大多有丰富的插图，有的是说明性质的，与内容紧密关联；有的是附件性质的，但却有可贵的资料性和观赏性。此次编辑，尽可能地原图照录，同时删除部分意义不大且清晰度较差的图，也补充了一些切当的新图。

鉴于水平所限，编辑中难免有偏颇或挂漏之处，审校也会存在疏忽不审，敬请专家和读者批评指正。